W0105390

Kara Tippetts

In den Stürmen des Lebens hältst du mich

Über die Autorin

Kara Tippetts war mit Jason verheiratet. Die beiden hatten vier Kinder und gründeten eine Gemeinde in Colorado Springs, Colorado. Ihre Krebserkrankung war nur ein Teil ihrer Lebensgeschichte. Sie rang darum, wirklich zu leben, trotz der bedrückenden Krankheit. Als Autorin des beliebten Blogs „Mundane Faithfulness", *www.mundanefaithfulness.com*, ließ sie zahlreiche Menschen daran teilhaben. Am 22. März 2015 ging sie im Alter von 38 Jahren zu Jesus.

Auf ihrem alten Blog gibt es eine Slideshow, die Fotos aus dem Leben der Familie zeigt: *www.mundanefaithfulness.com/letter-to-my-readers-slideshow*

Ein bewegender englischsprachiger Dokumentarfilm findet sich unter: *www.youtube.com/watch?v=g02BVmlam6k*

KARA TIPPETTS

IN DEN
STÜRMEN
des Lebens
HÄLTST
DU MICH

AUS DEM AMERIKANISCHEN VON BEATE ZOBEL

Für Jason
Danke, dass du unter all den Frauen auf der Welt
mich ausgesucht hast.

Für
Eleanor Grace, Harper Joy,
Lake Edward, Story Jane
Jeder von euch hat mir auf seine Art gezeigt,
was im Leben das Wichtigste ist.

Inhalt

Vorwort

Jeder von uns hat seine ganz eigene Geschichte. In den über vierzig Jahren, die ich nun schon im Rollstuhl sitze, habe ich *viele* Geschichten von Leuten gehört, vor allem schwere. Ich fand sie in Blogs und Artikeln, in Büchern oder sie wurden mir persönlich erzählt. Und ich habe festgestellt: Menschen, die Leidvolles erfahren, verlieren sich oft irgendwann in Details. Sie sehen vor lauter Bäumen den Wald nicht mehr. Sie erleben ihre schwierigen Umstände wie einen umgestürzten Stamm, der ihnen den Weg versperrt. Ihre Geschichten klingen dann so, als müssten sie nur dieses eine Hindernis überwinden und schon würde alles wieder gut. Doch wer so auf die kleinen Etappensiege fixiert bleibt, verliert den Blick für die großen Zusammenhänge seiner Geschichte.

Es ist eine hohe Kunst sowie geistliche Disziplin, einen Schritt zurückzutreten, den Blick von den Details zu lösen und die eigene Geschichte als einen Teil von Gottes großer Geschichte zu sehen. Genau das macht Kara Tippetts. Sie weiß, was Leiden bedeutet. Und zugleich ordnet sie damit ihre Geschichte in etwas Größeres ein, sodass ihre auch zu der unseren wird.

Jeder von uns kennt das: Im ersten Moment schweben wir mit Gott noch über dem Teppich, doch schon im nächsten trifft uns eine Not, die uns wie in ein schwarzes Loch verschlingt. Angst und Beklemmungen rauben uns jede Freude, und der Schmerz ist so heftig, dass wir nicht mehr wissen, wie wir den nächsten Tag überleben sollen. Wenn die Nacht so über uns hereinbricht, hoffen wir nur noch auf den nächsten Morgen.

Trifft das Leid einen Menschen direkt und unvermittelt wie im Fall von Kara, dann braucht die Person Kraft, um nicht zu verzweifeln. Sie braucht jemanden, irgendeinen, der ihre Lage kennt und nachempfinden kann. So kamen wir beide miteinander in Kontakt, nachdem Kara von meinem Kampf gegen Krebs erfahren hatte. Jeder von uns konnte sich gut in die Lage der anderen hineinversetzen.

Vielleicht lag es daran, dass ich immer versucht habe, meine Geschichte mit Gottes Augen zu sehen, indem ich aus meinen alltäglichen Herausforderungen als Gelähmte, unter Schmerzen leidende, krebskranke Frau heraustrete, damit eben solche Begegnungen möglich werden.

Kara und ich erkannten, dass unsere Geschichten sich nur erzählen lassen, wenn wir uns verletzlich machen und offen sind. Gleichzeitig sind wir uns auch darüber bewusst, dass unsere Geschichten bei anderen Menschen nichts bewirken oder verändern können – nur Gottes Wort ist dazu in der Lage. Das ist einer der Gründe, warum ich Karas Buch so schätze. Sie hat, weil sie um die Kraft von Gottes Wort weiß, viele kleine Passagen aus den Psalmen und anderen Büchern der Bibel in ihre Geschichte aufgenommen. Sie hat Verse aus der Bibel gewählt, die uns den Blick öffnen für die größeren Zusammenhänge und für Gottes Absichten mit uns – mitten in unserem Schmerz. Sie erinnert Sie als Leser daran, dass Gottes Pläne vollkommen sind und dass unser Erlöser, der genau weiß, wie Leid und Schmerz sich anfühlen, ständig vor Gott für uns einsteht. Gibt es etwas, das noch mehr tröstet?

Es ist eine Ehre für mich, dieses Vorwort schreiben zu dürfen. Kara und ich, wir beide, wissen, dass Leiden ein Begleiter auf dem Lebensweg ist, auch wenn er einem dunkel und fremd erscheint. Er ist ein ungebetener Gast und doch ist er ein Gast. Leiden ist eine verletzte Form des Segens, doch nichtsdestotrotz Segen, der aus Gottes Hand kommt. Deshalb betont Kara in ihrem Buch so sehr den Frieden Gottes, der in solchen Stürmen nicht einfach zu leben und herausfordernd zu erleben ist. Es ist kein billiger, oberflächlicher Friede. Aber ein Friede, der uns an den Ort bringen kann, wo wir an den Leiden Jesu teilhaben und in inniger Gemeinschaft mit ihm verbunden sind. Was nichts anderes heißt als Leidvolles so anzunehmen, als ob wir Gottes linke Hand halten würden – was *viel besser* ist, als überhaupt keine seiner Hände zu ergreifen.

Ich bete, dass dieses Buch Sie ermutigt und inspiriert. Besonders diejenigen, die selbst gerade durch stürmische und harte Zeiten gehen. Möge Karas Geschichte Sie ermutigen und segnen! Ihre Geschichte wird Ihnen helfen, mehr zu erkennen als nur Bäume oder einen Stamm.

Joni Eareckson Tada

Einleitung

Ich träume davon, dass andere Menschen das lesen, was ich hier niederschreibe. Es ist sogar noch mehr als ein Traum, es könnte zum Sinn und Ziel meiner ganzen Lebensgeschichte werden. Ich werde von dem Kaputten und Verletzten erzählen, das geheilt und wiederhergestellt wurde. Meine Geschichte handelt von meinen Begegnungen mit Jesus an dunklen Orten. Ich habe ihn in der Realität meiner Gegenwart, im Hier und Jetzt, kennengelernt und er hat mir seine Güte gezeigt, während mein Leben zu Staub zerfiel.

Ich bin nicht die einzige Krebskranke, die ihre Geschichte niederschreibt. Ich bin auch wirklich nicht die Erste, die über das Leiden schreibt. Es gab so viele vor mir, die mit größerer Klarheit und Einsicht über diese Themen nachgedacht haben. In diesem Buch zeige ich mich als eine Frau, der das Leben übel mitgespielt hat, die jedoch mit der Hoffnung lebt, dass ihre Zerbrochenheit auch ihre größte Stärke sein könnte. Und ich vermute, dass dies für jeden von uns gelten könnte.

In der Dunkelheit meiner Erkrankung ließ ich alles Unnötige los und suchte an erster Stelle nach Gottes Nähe. In den Zeiten der Schwäche lernte ich, wie schön es ist, von Gott beschenkt zu werden, wie man aus Schwäche Stärke gewinnt, und wie kostbar es ist, in jedem Augenblick des Alltags nach Gott Ausschau zu halten.

Bevor ich Krebs bekam, hätte ich von mir gesagt, dass ich mehr über Gottes Gnade herausfinden wollte. Aber in Wirklichkeit war ich damals vor allem aktiv. Gab es irgendwo eine Not, dann bemühte ich mich, sie zu lindern. Mein Christsein bestand darin, zu gehen, zu tun und zu lieben. Mit der Nähe zu Jesus hatte all das wenig zu tun. Natürlich war mir auch damals schon klar, dass all mein Fleiß nicht mit meinem Glauben gleichzusetzen ist. Aber ich lebte trotzdem zu großen Teilen aus eigener Kraft. Erst als ich nichts mehr tun konnte, entdeckte ich Jesus. Ich begegnete ihm in einer Nähe, die ich zuvor nicht gekannt hatte.

Als ich bettlägerig wurde, hörten alle diese Aktivitäten auf. Ich konnte niemandem mehr dienen, konnte keine Freunde mehr einladen und mich nicht mehr um die Menschen in Not kümmern. Plötzlich war ich selbst hilfsbedürftig. Ich war die Frau eines Gemeindegründers und brauchte plötzlich rund um die Uhr Unterstützung, weil ich unsere dreijährige Tochter nicht mehr versorgen konnte. An manchen Tagen konnte ich nicht einmal mehr die Treppe vom Schlafzimmer hinunter ins Esszimmer gehen, um mit meiner Familie zusammen zu essen. In diesen Zeiten blieb mir nichts anderes übrig, als mich nach Gottes Gnade auszustrecken. Und ja, ich fand seine Gnade – in meiner Krankheit und all dem Schrecklichen, das mein Leben nun ausmacht. Ich begegnete dem Jesus, der seinen Nachfolgern demütig die Füße wusch.

Es ist nicht einfach, sich dafür zu entscheiden, sein Leben auf Gnade umzustellen, wenn man gewohnt ist, der eigenen Kraft zu vertrauen. Aber ich hatte mich entschieden: Meine verbleibenden Tage will ich nutzen, um jeden Atemzug als Geschenk zu empfangen und mich selbst in größtmöglicher Liebe zu verschenken. Wäre das nicht für jeden Menschen ein guter Lebensstil? – Auch ohne Leidensdruck? Unsere tägliche Berufung heißt doch: demütig zu sein angesichts der Gnade Gottes.

„Nein, denn Gott hat sich die aus menschlicher Sicht Törichten ausgesucht, um so die Klugen zu beschämen. Gott nahm sich der Schwachen dieser Welt an, um die Starken zu demütigen. Wer von Menschen geringschätzig behandelt, ja verachtet wird, wer bei ihnen nichts zählt, den will Gott für sich haben. Aber alles, worauf Menschen so großen Wert legen, das hat Gott für null und nichtig erklärt. Vor Gott kann sich niemand etwas auf sein Können einbilden." 1. Korinther 1,27–29

In diesem Buch soll es nicht darum gehen, eine besonders erschütternde Geschichte zu erzählen. Er geht vielmehr um eine Frau, die viel Schweres erlebt und mitten in ihrer Not nach Frieden sucht. Nach einem Frieden mitten im Sturm. Dabei meine ich sowohl die grundsätzlichen, immer wieder auftretenden stürmischen Zeiten im Leben, als auch diese plötzlich hereinbrechenden, alles hinwegfegenden Orkane. Gott nutzt jede Form des Sturms, um uns zu begegnen, um uns zu zeigen, wo es zu seinem Frieden geht, und um uns zu lehren, wie man Gnade empfängt.

Dieses Buch will mehr sein als ein Buch für all diejenigen, denen mitgeteilt wurde, dass sie an Krebs erkrankt sind. Natürlich habe ich es auch für sie geschrieben. Ich will jede Person ermutigen, die diesen schweren Weg gehen muss. Aber das Buch ist auch für einen jeden von uns – weil jeder Mensch schwere Zeiten kennt, sei es in der Ehe, in der Kindererziehung, in Trauer und Leid, Einsamkeit … jeder Form der Zerbrochenheit gilt dieses

Buch. Ich erzähle zwar meine persönliche Geschichte, aber ich möchte jedem Leser Mut machen, seine eigene ehrlich zu betrachten.

Ein paar Dinge machen mir Angst, wenn ich daran denke, dass dieses Buch eines Tages veröffentlicht wird. Zum einen möchte ich nicht, dass man in Zukunft denkt, allen Krebspatienten ginge es so wie mir. Was ich hier erzähle ist nicht allgemeingültig. Es ist die Geschichte meiner Seele und meiner Verletzlichkeit. Andere Menschen haben ihre eigenen Geschichten, die nicht weniger kostbar und lehrreich sind als meine. Jeder erlebt inneren Zerbruch anders.

Zum anderen erzähle ich von Konflikten in den Beziehungen meines Lebens, die zum Teil sehr heftig waren. Doch alle Enttäuschungen und Verletzungen haben letztlich dazu geführt, dass ich Jesus kennengelernt habe. Er hat mein zerbrochenes Herz geheilt und eine Sehnsucht nach den wirklich wichtigen Dingen des Lebens in mich hineingelegt. Das Schwere, wovon ich erzähle, gebraucht Gott immer noch, um an meinem Herzen zu arbeiten. Er schreibt eine Geschichte der Versöhnung und Wiederherstellung, deren Ende ich vielleicht nicht mehr hier auf Erden erleben werde. Ich würde es mir sehr wünschen, aber vielleicht bleibt mir dafür nicht mehr genug Zeit.

Beim Schreiben dieses Buches fühlte ich mich oft, als würde ich am Rand einer Klippe balancieren. Ich habe die schweren Erfahrungen meines Lebens in offene, ehrliche Worte gefasst und fühle mich dabei sehr unsicher. Die Erinnerungen an meine Kindheit, die schmerzhaften Erfahrungen im Gemeindedienst, die Kämpfe in der Ehe und der Kindererziehung und schließlich all die Schmerzen meiner Krankheitszeit – ich befehle alle Worte, die ich geschrieben habe, dem Einen an, der sie mir gegeben hat. Es ist mir wichtig zu betonen, dass ich in allem Schweren vor allem das eine Ziel verfolge: Ich sehne mich nach Gottes Gnade und nach einem weichen, sanften Herzen. Und ich bete um Vergebung und Wiederherstellung in Bezug auf alle schmerzlichen Phasen meines Lebensweges. Mögen meine Leser all den Personen, von denen ich schreibe, ausschließlich in Güte und Gnade begegnen.

Ich werde vielleicht nicht mehr hier sein, wenn diese Seiten als Buch erscheinen werden. Doch ich vertraue Gott, dass er sie so gebrauchen wird, wie es seinem Willen entspricht. Ein Punkt, wo ich immer noch um tieferen Frieden ringe.

Kara Tippetts

Kapitel 1

Wie alles begann

„Jedes Ereignis, alles auf der Welt hat seine Zeit:
Geborenwerden und Sterben,
Pflanzen und Ausreißen …"
Prediger 3,1–2

rüh fing es an. Die Angst hatte mich schon als Kind fest im Griff. Ich weiß noch, wie es damals war: Mit meinen kleinen Augen starre ich in dieses rote Gesicht und sehe den lodernden Zorn meines Vaters. Ich habe Angst davor, dass sich meine aufgeregte Blase über unserem braunen Teppich mit seinen langen, flauschigen Fäden entleert. Vater sieht ganz genau, wie verzweifelt ich meine Beine aneinanderpresse ... Und er sieht meine Angst vor seinem zornigen Gebrüll. Strafe muss sein, donnert er, baut sich vor mir auf, schreit und kündigt den Einsatz des hölzernen Paddels an. Es hängt immer griffbereit an der Wand und trägt das Wappenzeichen seiner studentischen Verbindung. Lambda Chi Alpha, die berühmte Burschenschaft, wartet nur darauf, mir wieder meine Fehler höhnisch vorzuwerfen.

Er schickt mich. Folgsam hole ich das Holz. Er benutzt es oft, führt die Strafe immer selbst aus, malt mir mein Versagen vor Augen, macht mir meine Fehler bewusst. Ich bebe unter dem Gewicht seines Zorns. Doch dann kann ich nicht mehr länger einhalten und spüre das Pipi. Mit dem Paddel in der Hand komme ich zurück, reiche es ihm, und mit dem Emblem der Bruderschaft voran führt er das Urteil aus. Ich krümme mich vor Schmerz, doch die wuchtigen Schläge sind nichts im Vergleich zu der Gewalt seiner Worte. Was er schreit, grausam und zornig, trifft mich härter als das Paddel. Endlich kann ich gehen, ins Bad, dann in mein Zimmer. Hier ist es ruhig. Ich ziehe meine nassen Sachen aus.

....

Zorn macht uns alle blind.
Johanna Spyri
....

Ich bin die Tochter meines Vaters, erzogen und verletzt durch seinen Zorn. Aber er war nicht der Einzige, der Einfluss auf mich hatte. Es gab auch die Offene, Fröhliche und Mutige, die mir den anderen Weg zeigte. Eine Frau, die mich umarmte und bei der ich spürte, dass sie Freude an mir hatte. Sie war glücklich, wenn ich da war, und sie hatte mich von Herzen lieb.

Meine Oma hieß Elnora.

Bestand mein Vater aus Zorn, so war sie Freude pur. Obwohl sie sich selbst umzingelt sah von eigenen, schweren, oft verzweifelten Kämpfen, freute sie sich doch an jeder noch so winzigen Kleinigkeit. Sie liebte es, mit ihren Schwestern zu kichern, sie konnte über eine kalte Cola jubeln und aß leidenschaftlich gerne im chinesischen All-You-Can-Eat-Restaurant. War ich bei ihr, wurde laut und herzlich gelacht. Ihre Liebe zu mir und meinen Geschwistern war grenzenlos. Von ihr lernte ich, Würmer aus der Erde zu graben, Fische zu säubern und gerne im Garten zu arbeiten. Dass ich mich dabei schmutzig machte, fand sie überhaupt nicht schlimm.

Sie war es auch, die mir erklärte, dass Träume sich nur selten erfüllten, aber dass fast alles zu ertragen war. Ihre persönlichen Herausforderungen und schweren Dinge unterschieden sich sehr von dem Leid, unter dem ich litt. Doch ich lernte von ihr, mich in allen Lebenslagen zu freuen, selbst wenn ich enttäuscht wurde. Ihr Bauernhof war wie ein heiliger Zufluchtsort für mich. Hier war ich die kostbare, geliebte Enkelin. Ich war mir sicher, ihr Liebling zu sein, genauso meine Schwester Jonna und mein Bruder Dennis. Sie war voller Liebe für uns – erfüllt von einer tiefen, bedingungslosen Liebe, die genug hatte für einen jeden von uns.

Jeden Sommer verbrachte ich auf dem Bauernhof von Oma Elnora und Opa Homer. Ich erlebte dort Zeiten voller Schönheit und Harmonie. Es gab immer Nachtisch, meine Cousins waren vor Ort, wir verputzten riesige Wassermelonen und warteten stundenlang an Omas Teich, bis wir den größten Fisch an der Angel hatten. Nahezu regungslos saßen wir nebeneinander, beobachteten unsere Köder, die im Wasser trieben und hofften, dass die Schnur sich endlich spannen würde.

Ich verehrte Großmutter. Später wollte ich genau so sein wie sie, wollte auch Nachthemden aus Seide tragen und wissen, wo man die fettesten Raupen fand. Genau wie sie wollte ich jede freie Minute angeln gehen. In all meinen schönen Kindheitserinnerungen kommt sie vor; ihre Liebe, ihre Großzügigkeit und die ganze Fülle ihrer großen, einfachen Welt. Wenn ich einmal groß sein würde, wollte ich die gleiche rote Küche haben wie sie. Eine Küche, in der es immer nach Schinken roch.

Heute steht in meiner Küche ihr roter Stuhl. Damals saß ich als Kind oft auf ihm, als er in einer Ecke von Omas Küche stand. Von diesem Stuhl aus lauschte ich dem lieblichen Akzent, in dem die vielen Verwandten aus Kentucky miteinander sprachen. Hier lernte ich sie kennen, die nahen Verwandten und die entfernteren und die vielen, deren Geschichten man sich an Omas reich gedecktem Tisch erzählte. Röstkartoffelberge wurden auf Platten herumgereicht, dazu gab es einfachen Krautsalat und Maiskolben, die morgens noch auf dem Feld gestanden hatten. Wir aßen gebratenen Fisch in allen Variationen: blauen Sonnenbarsch, schwarzen Barsch und Forellenbarsch, dazu gab es riesige Tomaten, in Scheiben geschnitten, mit Salz, Brot und Butter. Im Anschluss wurden Bleche voller Apfelkuchen serviert.

Ich war schrecklich gerne bei Oma und wusste genau, wie willkommen ich jederzeit war. Kam ich an, so rannte sie aus der Hintertür und jubelte laut: „Ach du meine Güte, sieh mal an, wer mich da besuchen kommt!" Es kam mir immer so vor, als hätte sie die ganze Zeit auf ihrem Sofa gesessen, aus dem Fenster geschaut und nur darauf gewartet, dass ich kam. Es war so schön, bei ihr zu Besuch zu sein. Leider war ich immer nur zu Besuch – zu Hause war ich anderswo.

~

Meine Kindheit bestand aus großem Glück und großer Not. Ich suchte nach einem Halt, lange bevor ich das überhaupt in Worte fassen konnte. Zu Hause war ich so schwach, so klein. Immer überschattete mich dieser Zorn, dessen lautes Geschrei meine Stimme untergehen ließ. Und als ich sah, wie meine Geschwister für ihr Versagen bestraft wurden, lernte ich, leise zu sein. Trotz alledem: Geliebt zu werden, wurde alsbald zu meinem größten Lebensziel. Wann immer es möglich war, sorgte ich für Harmonie.

Ich war die Jüngste. Ich beobachtete alles und sah eine Menge Schmerz. Mit der Zeit stumpfte ich ab und gewöhnte mich an den immer heftiger werdenden Zorn, der sich gegen jeden in unserem Haus erhob und niemanden zur Ruhe kommen ließ. Der Zornige selbst hatte am wenigsten Frieden. Denn wo es keine Selbstbeherrschung mehr gibt, wo man den Zorn nicht mehr kontrolliert, da gibt es für niemanden mehr einen Raum der Sicherheit, keinen Rückzugsort. Und Zorn, so heftig er auch sein mag, bewirkt nie, was er erreichen will.

Da ich noch klein war, erlebte ich meinen wütenden Vater übermächtig und riesengroß. Sein rot-zorniges Gesicht mit den blitzenden Augen, die giftigen Worte, die sein Mund ausstieß, die Stimme, die sich überschlug, wenn er auf mich einschrie, um mich korrigieren zu wollen. Doch er erreichte mit all dem nichts – außer, dass es mir das Herz brach.

Traf mich sein Zorn, litten meine Geschwister mit. Waren sein Geschrei und der Einsatz des Paddels der Burschenschaft vorbei, nahm ich ihre Gesichter wieder wahr. Zwischen uns brauchte es keine Worte. Ich sah, wie erleichtert sie waren, dass es nicht sie selbst getroffen hatte, und ihren Kummer, weil ihre kleine Schwester wieder einmal das Opfer gewesen war. Wir drei waren eine Familie für uns. Mein Bruder war der Älteste, dann kam meine Schwester, ich war die Jüngste. Jeder von uns bemühte sich, alles richtig zu machen. Der gemeinsame Schmerz verband uns tief. Wir schwiegen vor anderen über unser Leid und hielten fest zueinander. Was wir erlebten, darum wussten nur wir. Alles geschah hinter verschlossenen Türen.

War mein Vater wieder einmal von meinen Geschwistern enttäuscht, tat ich alles, um ihn zu besänftigen. Heimlich putzte ich das Zimmer meines Bruders und säuberte das Bad, nachdem meine Schwester darin gewesen war. Doch recht machen konnte ich es ihm nie. Ich beobachtete die Lage, versuchte zu helfen, und stellte immer wieder fest: Ich kann es nicht. Meine Liebe war zu schwach, meine Möglichkeiten nicht ausreichend, ich konnte meine Geschwister weder vor der Gewalt beschützen noch abschirmen. Und während sie allmählich zu jungen Leuten heranwuchsen, verhärtete sich gleichermaßen ihr Herz.

Hinter den verschlossenen Türen unserer Familie war so viel Not, doch nach außen drang nichts davon durch. Egal wie gestresst und wütend wir waren, kam Besuch, wurde Leben und Fröhlichkeit gespielt. Wir Kinder taten, was die Eltern erwarteten. Wir sahen gut aus, verhielten uns korrekt und präsentierten eine gute Erziehung. So versuchten wir zu verhindern, dass wir nach dem Besuch wieder mit Zorn oder Schweigen bestraft werden würden. Erstaunlicherweise hatten meine Geschwister und ich Freude daran, unseren Eltern zu gefallen. Wir gaben unser Bestes. Unser ganzes Leben drehte sich nur darum, wie wir sie beeindrucken und erfreuen konnten. Ich vermute, dass die meisten Kinder so sind. Sie sind bereit, alles zu tun, wenn man ihnen nur Lob, Anerkennung und Liebe entgegenbringt.

....

Wem versuchten wir eigentlich, hier etwas vorzumachen?
Es war, als hätten wir uns alle darauf geeinigt, diese
unausgesprochenen Regeln zu befolgen, es war wie eine
stumme Verschwörung.
Timothy S. Lande und Paul David Tripp
....

Meine Geschwister wurden erwachsen und zogen aus. Sie folgten dem Vorbild meiner Eltern, schlossen sich studentischen Verbindungen an und erhielten ihre eigenen Paddel. Aber sie hatten sich geschworen, diese niemals an eine Wand zu hängen. Niemals würden sie die harten Hölzer gegen die kleinen Körper einsetzen, die ihnen eines Tages anvertraut werden würden.

Ich trennte mich nach und nach von meinem Elternhaus. Mit etwa vierzehn wurde ich unnachgiebiger und ging auf Opposition. Doch ohne meine Geschwister wurde ich hart und stieß endgültig an meine Grenzen. Sie waren die einzigen Menschen gewesen, die das Leben kannten, das wir unter Ausschluss der Öffentlichkeit führten. Mir fehlte dieser Trost, nachdem sie ausgezogen waren. Ich war einsam, wurde verbittert und suchte mir eine Ersatzfamilie unter Gleichaltrigen.

Mein Führerschein wurde zu meinem kostbarsten Besitz. Von da an war ich nur noch selten zu Hause. Gleichzeitig rebellierte ich gegenüber jeglicher Autorität. Mein Herz war hart, verletzt und wütend. Am liebsten wäre ich zu Hause ausgezogen, aber meine Lebensumstände zwangen mich, weiterhin mit den Eltern, denen ich mich nun privat und öffentlich widersetzte, unter einem Dach zu wohnen. Auch heute tut es mir noch weh, wenn ich an all die Lieblosigkeiten jener Jahre zurückdenke. Wie traurig, dass meine Eltern und ich nicht die Kraft und die charakterliche Stärke hatten, aufeinander zuzugehen. Ich war voller Zorn und entfernte mich innerlich immer mehr von ihnen.

~

Es fällt mir nicht leicht, den nächsten Lebensabschnitt zu schildern, aber er ist Teil meiner Geschichte. In meiner Seele war es sehr dunkel, da war viel Hässliches. Die Verzweiflung fing an, viel Raum einzunehmen. Und ich suchte nach Trost. Manchmal half es mir, Bier zu trinken. Dann fing ich an, Marihuana zu rauchen. War mein Kopf benebelt genug, wurde ich lustig und mir wurde leicht ums Herz. Auch in den Armen von Jungs fand ich etwas Trost. Vielen von ihnen ging es ähnlich wie mir. Ich stürzte mich in diese Beziehungen, um meiner eigenen Geschichte zu entfliehen. Wir gingen miteinander um wie Erwachsene, obwohl wir noch Kinder waren. Weder hatten wir die Reife noch die Erfahrung, um unser Leben in die Hand zu nehmen und eine wirkliche Liebesbeziehung aufbauen zu können.

In meiner Rebellion hatte ich für meine Eltern nur noch Wut übrig. Ich ging durch die Eingangstür ins Haus, nur um gleich wieder durch das Fenster aus meinem Zimmer zu verschwinden. Wenn ich nicht zu Hause war, wohnte ich bei Freunden auf einer Insel. Ich belog meine Eltern und genoss die neu gewonnene

Freiheit. Meine Mutter und mein Vater führten eine innige Beziehung, doch als meine Probleme zunahmen, wuchs Distanz zwischen den beiden und zu mir. Genau das wollte ich auch. Ab und an verabredeten wir uns für ein Essen in dem Restaurant, in dem wir auch früher gelegentlich gegessen hatten. Dort spielten wir wieder heile Welt und erzählten uns, wie gut es uns ging und wie super alles lief. Ich spielte stets mit, da ich hoffte, anschließend ein weiteres Stück Freiheit bewilligt zu bekommen.

Die Welt, in der ich mich bewegte, nahm an Dunkelheit zu und ich begann, mich nach einem Ausweg zu sehnen. Während meines letzten Schuljahrs, als ich mich nach einer Universität umsah, beschäftigte mich nur ein Kriterium für die Auswahl: Ich wollte dort studieren, wo am meisten gefeiert wurde, und wo man mühelos Drogen bekam. Bei der Anmeldung kreuzte ich „Raucheretage" an. Dort würden bestimmt die besten Partys steigen, vermutete ich. Ich wusste nicht, was ich sonst machen sollte. Ich war einfach weiter unterwegs auf dem dunklen Weg, der zu meiner verletzten Seele passte.

Nach außen spielte ich meine Rolle gut, ich war ein typisches Party-Girl. Aber innerlich fühlte ich mich immer noch wie das kleine Mädchen, das auf dem Teppich steht, während der Urin warm an seinen Beinen hinunterläuft. Ich war verloren, voller Angst und fühlte mich klein, unbedeutend.

Als das letzte Schuljahr hinter mir lag, hatte ich es eilig, meinem Elternhaus endgültig den Rücken zu kehren. Die Finsternis in mir hatte sich zu einem dunklen Knoten verdichtet. Vater und ich konnten es kaum noch ertragen, im gleichen Raum zu sein. Seit er in der Verwaltung einer Schule arbeitete, bildete er sich ein, in mein Leben hineinreden zu dürfen. Aber dafür war es jetzt zu spät. Ich zog aus. Meine Eltern standen meiner

Wut, Unfreundlichkeit, Passivität und Aggressivität hilflos gegenüber. Sie waren am Ende ihres Lateins und bemühten sich um irgendwelche Möglichkeiten, mich und mein Herz zu erreichen.

Dann aber kam jener denkwürdige Tag in meinem Abschlussjahr, als ich im Deutschunterricht neben einem Mädchen saß, das neu zum Glauben gekommen und sehr begeistert von Jesus war. Sie hieß Michele, war noch ziemlich jung und hatte nur eines im Sinn: Sie wollte mir unbedingt ihre Geschichte erzählen und mich mit ihrem Jesus bekannt machen. Ihr war aufgefallen, dass es mir nicht gut ging, deshalb wollte sie mich mit den Leitern ihrer Gemeinde zusammenbringen. Die könnten mir alles richtig erklären, meinte sie. Ich spürte, dass sie etwas an sich hatte, das ich von Oma Elnora kannte: Freude! Es war diese Freude, die ganz anders war als alle Vergnügungen, die man sich für Geld kaufen konnte. Mein Interesse war geweckt. Auch wenn die Verbitterung zum tragenden Element meiner Persönlichkeit geworden war, so sehnte ich mich doch nach einem Ausweg aus diesem Leben, das ich führte und das sich so ziellos im Kreis bewegte. Ich sehnte mich nach Heilung für meine Seele, nach einem Ende der Schmerzen, nach Wahrheit.

Ich vertraute Michele nicht wirklich, aber neugierig war ich schon. Als sie mich in ihre Jugendgruppe einlud, kam ich mit. Ihr Pastor sprach dort über Vergebung. Aber es ging nicht nur um die Vergebung von Jesus für alle Menschen, sondern der Pastor wurde sehr konkret. Er erzählte, wie er jeden Tag anderen vergeben musste, um heil durch den Alltag zu kommen – seiner Frau und allen anderen Menschen, mit denen er ehrliche Beziehungen führen wollte. Wenn wir falsch liegen und unser Unrecht zugeben, kann daraus Stärke werden, erklärte er. Ich war fassungslos. Er sprach öffentlich über seine wunden Punkte. Wusste er nicht, dass solche Dinge hinter verschlossene Türen gehörten? Nein, er sprach ehrlich darüber, wie schwer es ihm fiel, freundlich zu seiner Frau zu sein. Er bräuchte ständig die Vergebung der anderen, um ein Leben der Liebe und des Glaubens führen zu können. Ich dachte immer, es gäbe dieses ungeschriebene Gesetz, dass man über solche Dinge niemals sprechen darf …

Mir war klar, dass ich vieles im Leben falsch machte, das war nicht das Problem. Aber ich setzte alles daran, dass andere das nicht bemerkten. Doch dieser Jugendpastor zeigte mir den Weg in eine Freiheit, in der das nicht mehr nötig sein würde. Er war stark, weil er schwach war, und er kannte eine Liebe, die aus der Zerbrochenheit kam. Welch ein Angebot! Ich könnte meine Fäuste öffnen, meine Fehler zugeben, mit den falschen Dingen aufhören, aufrichtig lieben und von anderen geliebt werden? Ich würde geliebt werden, unabhängig von meinem Verhalten? Einfach so? Als Person, die ich nun einmal war, abstoßend, verletzt und zerstört?

Wie schön müsste es sein, Vergebung so zu leben! Da kam eine junge Frau auf mich zu und fragte mich, woran ich glaubte. Sie war mutig und ehrlich. Während sie mir das Evangelium erklärte, spürte ich, wie sehr sich mein Innerstes genau danach sehnte. War es das, was ich gesucht hatte? Was mir gefehlt hatte? Meine Fehler seien kein Problem, erklärte sie mir, weil Jesus an meiner Stelle ein vollkommenes Leben geführt hatte. Dass er dann am Kreuz stellvertretend meinen Platz einnahm, den eigentlich ich hätte einnehmen müssen, um vor Gott zu bestehen, schenkte mir in Gottes Augen Vollkommenheit. Dann stand er von den Toten auf und bewies damit, dass er Gott war.

Schon während sie noch sprach, ahnte ich, dass diese Zusammenhänge mein Herz heilen könnten. Ich spürte, dass ich dem wirklichen Leben ganz nahe gekommen war.

In dem Moment, als ich Jesus begegnete und in mein Leben ließ, war mir sofort klar, dass dieses sich nun für immer ändern würde. Aber ich wusste auch, dass all die Gewohnheiten, die bisher mein Leben bestimmt hatten, nicht so kampflos verschwinden würden. Hinzu kamen all diese wütenden, stolzen, furchtsamen und verbitterten Gedanken und Gefühle. Ich würde nahestehende Menschen um mich herum brauchen, die mir helfen würden, diese Dinge loszuwerden.

Nach einiger Zeit erkannte ich für mich selbst, dass ich meine Eltern lieben und ehren wollte. Gleichzeitig verspürte ich aber auch das Bedürfnis, mich von ihnen zu lösen, um in Zukunft in meiner eigenen Familie anders leben zu können. Das Ganze musste also aus einer Haltung der Demut kommen, ohne Verachtung meinen Eltern gegenüber. Doch mit der Zeit konnte ich erkennen, wie Gottes Gnade auch bei meinen Eltern Veränderungen bewirkte. Ich wünschte mir von ganzem Herzen, dass auch sie diese Liebe kennenlernen würden, die mir so guttat. Ich wollte unbedingt, dass meine Eltern auch diesen Weg einschlagen würden, den ich für mich gefunden hatte, diese Liebe, die mein Leben so erblühen ließ. Doch dabei setzte ich sie wohl etwas zu sehr unter Druck – woraufhin unsere Distanz zunahm, obwohl sie gleichzeitig sehr froh waren, dass ich keine Drogen mehr nahm.

Eines Tages besuchte ich meine geliebte Oma und erzählte ihr, dass ich mich taufen lassen würde. Sie weinte vor Freude und gab zu, dass sie in all den Jahren viel für mich gebetet hätte. Schon immer hatte ich ja gespürt, dass ihre Liebe irgendwie besonders war, ihr Essen schmeckte immer besser und sie konnte so unbeschwert lachen wie niemand sonst. Nachdem ich damals Jesus begegnet war, hatte ich sofort geahnt, dass er es war, der in ihr lebte und der ihr die Kraft für all das verlieh. Nun, da uns der Glaube verband, wurde unsere Beziehung von Jahr zu Jahr noch inniger. Wie früher saß ich auf dem roten Stuhl in der Ecke ihrer Küche. Ich beobachtete sie und verstand mehr und mehr, dass die Quelle ihrer starken Liebe Jesus war.

Meine Geschwister und ich hatten versucht, der Strenge unserer Kindheit zu entkommen. Wir wollten ein aufrichtiges Leben führen. Aber wir kämpften immer gegen die Gewohnheit an, uns selbst und den anderen etwas vorzuspielen. Dieses Verhalten hatte tiefe Wurzeln geschlagen. Hinzu kam die Wut, die sich seit der Kindheit in unseren Seelen angestaut hatte. Man hatte uns beigebracht, „den Mund zu halten und einen guten Eindruck zu machen". Entsprechend schwer fiel es mir jetzt, im Stil von Jesus zu leben. Ich sollte mein Herz offenlegen, meine Fehler zugeben und demütig sein? Es ging meinen Geschwistern und mir nicht anders als unserem Vater. Das Leben war hart und wir hielten es für unmöglich, aufrichtig zu sein. Am liebsten hätten wir alle dem Zorn Raum gegeben und uns so durchs Leben gekämpft wie er. Wie gut, dass später auch meine Geschwister die Wahrheit für sich begreifen und annehmen konnten, die in Jesus ist. Auch sie wandten sich von ihrem alten Lebensstil ab.

Wir erlebten viele Enttäuschungen und viele Kämpfe auf unserem Weg zu einem authentischen Leben. Doch die Gebete von Oma für einen jeden von uns wurden erhört. Aufgrund ihrer Gebete und ihrer Liebe kam auch mein Opa im Alter von fünfundachtzig Jahren zum Glauben an Gott. Bald darauf erlitt Oma einen Schlaganfall und wurde anschließend dement, aber kurz zuvor hatte ich mich noch mit ihr zusammen darüber freuen können, dass die Gebete erhört worden waren, die sie über Jahrzehnte für ihren Mann gebetet hatte.

Das Gebet eines Menschen,
der nach Gottes Willen lebt, hat große Kraft.
Jakobus 5,16

Nachdem ich Jesus kennengelernt hatte, eröffneten sich mir viele Möglichkeiten, mein Leben zu gestalten. Davor kannte ich nur den einen Weg, den ich als Kind gelernt hatte. Doch Jesus führte mich in eine Freiheit, die mir viele Wege offenbarte. Einer davon war, dass er mich aufforderte, meine Geschichte mit anderen zu teilen. So erzählte ich von all den Verletzungen, von unserem Leben hinter den verschlossenen Türen und von der Liebe, die mitten in mein verletztes Herz gedrungen war. Ich musste die Geheimnisse nicht mehr hüten. Jesu Licht erhellte jetzt alle Winkel meines Lebens und ich begann, mich zu entfalten und aufzublühen.

Durch Christus sind wir frei geworden,
damit wir als Befreite leben.
Galater 5,1

Bald schon gab es immer weniger dunkle Winkel in meinem Leben. Der Schmerz ließ nach. Gnade und Vergebung erfüllten mein Leben mehr und mehr. Und ich verstand immer besser, welche Lebensumstände diesen Zorn in meinem Vater ausgelöst hatten. Gleichzeitig fiel es mir immer leichter, über meine eigene Bitterkeit und Unfreundlichkeit zu reden. Ich lernte auch das Schweigen meiner Mutter zu verstehen. War ich früher hart und vorwurfsvoll ihnen gegenüber gewesen, so lernte ich jetzt, meinen Eltern mit Liebe zu begegnen.

....

Leben heißt, zerbrochen zu sein. Der Zerbrochene braucht Gnade. Wenn wir ehrlich zu uns selbst sind, werden wir uns unserer Bedürftigkeit bewusst und vergessen nicht, dass wir nur gerettete Sünder sind. Die Transparenz aufrichtiger Nachfolger Jesu ist etwas sehr Schönes. Sie tragen keine Masken und geben nicht vor, etwas anderes zu sein als das, was sie wirklich sind.
Brennan Manning
....

Die Rollen verschoben sich und Gnade trat an die Stelle von Schmerz. Ich lernte, meine Eltern zu lieben und offen mit ihnen zu reden. Es war ein einziges riesengroßes Wunder. Ich schrieb ihnen liebevolle, versöhnliche Briefe und nutzte bald jede Gelegenheit, um ihnen meine Liebe mitzuteilen.

Die grenzenlose Liebe Jesu hatte all die Verhärtungen meiner Seele aufgeweicht. Ich staunte selbst über diese Liebe, die mich zunehmend erfüllte. Anschließend begann ich, mich mit der Geschichte meiner Eltern auseinanderzusetzen, um daraus zu lernen und die Zusammenhänge zu verstehen. Ich wusste, die Vergangenheit konnte ich nicht mehr ändern, aber meine Zukunft sollte anders sein. Denn nun bewässerte Liebe die einstige Wüste unserer Familie und aus einer Erde, die einmal steinig und karg war, erblühte jetzt üppige Freude.

~

In zwei Tagen muss ich wieder in den „Gruselpruster". Dieses Mal wartet eine Schädel-Kernspintomografie-Untersuchung auf mich. Egal, wie sie es nennen, ob es eine Magnetresonanztomografie (MRT), eine Positronen-Emmissions-Tomografie (PET) oder eine Was-auch-immer-für-eine-Tomografie ist, für mich sind all diese großen, laut tackernden oder surrenden Maschinen unheimlich. Ich lag schon in den unterschiedlichsten Röhren, derer es verschiedenste Größen und Formen gibt. Immer, wenn ich in eines der Geräte muss, denke ich an eine Geschichte, die meine Mutter mir abends als Kind vorgelesen hatte. Darin hat ein kleiner Vogel seine Mama verloren. Als er auf seiner Suche nach ihr zu einem großen Bagger kommt, staunt er: „Was ist denn das für ein Gruselpruster?" So komme ich mir vor, wenn ich diese medizinischen Ungetüme sehe. Sie sind groß, kalt, furchterregend und ich fühle mich sehr einsam, wenn sie mich umschließen – aber sie sind notwendig im Kampf gegen den Krebs.

Mittlerweile bin ich schon sehr oft operiert worden. Unter meinem T-Shirt sieht es aus, als hätte ich mich für wissenschaftliche Experimente zur Verfügung gestellt. Trotzdem bin ich nicht mehr das ängstliche kleine Mädchen von einst, das sich verzweifelt nach Liebe sehnt. Nein, ich begegne jetzt auch Furcht einflößenden Umständen in der Erwartung, dort auf Gnade zu stoßen. Erfüllt von unbeschreiblicher Liebe sehe ich ihnen erhobenen Hauptes entgegen. Zwar hatte ich mir mein Leben anders vorgestellt, aber in gewisser Weise übertrifft es auch meine Erwartungen.

Meine jüngste Tochter Story Jane malt Bilder von mir, auf denen man die vielen Narben sieht, welche die Operationen hinterlassen haben. Manchmal streicht sie mit ihren kleinen

Fingerchen an den Narben entlang und fragt, wann sie wieder weggehen. Sie legt ihren Kopf dann auf meine harten Brustimplantate und will wissen, wann ich wieder so weich sein werde wie früher. Mein kleines Mädchen interessiert sich für all die Spuren an meinem Körper. Sie will alles wissen und versteht vieles nicht, aber sie liebkost jede einzelne der vernarbten Stellen an mir. Ich glaube, sie ahnt schon, was das alles bedeutet, aber sie ist noch zu klein. Sie ist so klein wie ich damals war, vor vielen Jahren, als auch ich nicht wirklich verstand, was in unserer Familie vor sich ging. Ich konnte nicht begreifen, was mit meinem Vater war. Ich beobachtete ihn, verstand ihn aber nicht, war einfach zu klein. Ähnlich geht es meinem Mädchen jetzt. So lange sie sich erinnern kann, gibt es diesen Schmerz in unserer Familie, den sie beobachtet, spürt, aber nicht versteht. Sie ist zu klein. Aber sie sieht, wenn wir weinen. Ihre Mama hat keine Haare mehr. Gleichzeitig bin ich aber da, warm und zärtlich. Sie drückt sich an mich und spürt, sie ist geliebt. Sie findet die Stellen, die mir nicht wehtun, wo sie sich ankuscheln und lieb haben lassen kann. Abend für Abend kommt sie zu mir. Wenn es draußen kalt ist, haben wir es warm. Sie braucht diese Nähe, die Umarmung, die Freundlichkeit.

Wenn sie nachts kommt, fragt sie nicht, ob sie das darf. Leise hebt sie die Decke am Fußende an, schlüpft hinein und kriecht an meinem Rücken entlang, bis zu dieser runden Stelle meiner Wirbelsäule, in die ihr kleiner Körper passt. Ganz nahe bei ihrer Mama schläft sie schnell wieder ein, träumt weiter, genießt die Geborgenheit. Später wird sie alles verstehen. Aber jetzt braucht sie nichts, als nur in meiner Liebe zu ruhen.

Neulich erklärte sie, dass sie für immer und ewig ganz nahe bei mir bleiben wolle. Nirgends sei es so wunderbar warm wie bei mir. Ich erwiderte nichts, drückte sie noch fester an mich und flehte tonlos, dass uns noch mehr Tage gegeben würden – mehr Tage, noch mehr Tage, um sie zu lieben. Wenn sie später zurückschaut, soll sie sich erinnern, dass sie eine von Herzen geliebte Tochter ist.

~

Meine Geschichte wurde auf übernatürliche Weise neu geschrieben. Ich händigte das Manuskript meines Lebens dem Einen aus, der es am besten schreiben kann. Vertrauensvoll gab ich die Seiten ihm, ahnend, dass mein Part in der Geschichte nicht leicht werden würde, aber zumindest würde ich nicht wortlos, tonlos durchs Leben gehen. Er würde mir die Rolle der schönen, erlösten Königstochter geben und mich im Zentrum seiner Gnade leben lassen.

Es nützt nichts, vor den Geschichten zu fliehen, die geschehen sind. Sie heilen nur, wenn man sich ihnen stellt. Schmerzen von früher gehen nicht vorbei, nur weil die Zeit vergeht. Besser ist es, den Blick zu heben und nach Jesus Ausschau zu halten. Dem Einzigen, der die Wunden heilen und uns in das Leben aus Glauben führen kann.

....

Wer sich nicht nach mehr von Jesus sehnt,
der kennt ihn noch nicht.
Charles H. Spurgeon
....

Wie lautet Ihre Geschichte? Ich bin sicher, zunächst kostet es Mut, sich die eigene Geschichte bewusst anzuschauen. Dabei geht es vor allem um die Teile der Geschichte, die niemand wissen darf. Es sind die Erinnerungen, die wir bekämpfen, die uns einengen und die Freiheit rauben. Doch die Wahrheit, die mit Jesus ins Leben kommt, wird genau an diesen Stellen wirksam. Sie löst die Fesseln und beendet das Schweigen. Im Licht seiner Gnade können wir es wagen, uns ehrlich mit der eigenen Geschichte auseinanderzusetzen. Die Scham verliert dann ihre Macht. Und wenn ich die Wahrheit über meine Vergangenheit ans Licht kommen und Gnade und Vergebung zu allen schmerzlichen Stellen meines Lebens fließen lasse, dann kann ich aufrecht weitergehen. Gnade und Vergebung lösen die Bitterkeit auf und der Schmerz lässt nach. Wir ignorieren die Vergangenheit nicht, aber wir können der Zukunft dann unbelastet und mit einem offenen, sanften Herzen entgegengehen.

Am Ende jedes Kapitels stelle ich fünf Fragen oder werfe Gedanken auf, die zum Nachdenken anregen sollen. Ich würde mir wünschen, dass Sie sich die Zeit nehmen, über diese Punkte nachzudenken. Es soll schließlich nicht nur um meine Geschichte gehen, sondern auch um Ihre.

- Welche schweren Zeiten gab es in Ihrer Kindheit? Auf welche Weise haben Sie als Kind versucht, diesen Dingen zu entkommen?

- Wen hat Gott an Ihre Seite gestellt, um den Schmerz gemeinsam aufzuarbeiten? Oder hat Gott Sie zu anderen Menschen geschickt, die Sie auf den schweren Abschnitten ihres Lebens begleiten konnten?

- Tragen Sie Bitterkeit im Herzen, die auf Verletzungen in Ihrer Vergangenheit zurückzuführen ist? Haben Sie denen vergeben, die Sie als Kind verletzt haben? Warum bzw. warum nicht?

- Wenn Sie in der Zeit zurückgehen und sich selbst als Kind gegenübertreten könnten, was würden Sie diesem Kind, das gerade verletzt wird und leidet, sagen? Welche Wahrheiten wären wichtig für das Kind? Welche Wahrheiten sind heute für Sie wichtig?

- „Früh fing es an" – damit begann ich meine Geschichte und das gilt auch für einen jeden von uns. Viele Probleme, mit denen wir uns als Erwachsene herumschlagen, haben in unserer Kindheit ihren Ursprung. Ich schrieb am Ende des Kapitels, dass ich meiner kleinen Tochter wünsche: „Sie soll sich erinnern, dass sie eine von Herzen geliebte Tochter ist." Wenn Sie an Ihre eigene Kindheit denken, was könnte über Sie gesagt und Ihnen gewünscht worden sein?

Kapitel 2

Die Liebe ist freundlich

Jedes Ereignis, alles auf der Welt hat seine Zeit:
… Töten und Heilen,
Niederreißen und Aufbauen …
Prediger 3,1+3

Das Wochenende, Anfang Dezember, war schaurig kalt. Obwohl ich erkältet war, nahm ich an der Konferenz einer christlichen Studentenorganisation teil. Erst kurz zuvor hatte ich mich ihr angeschlossen. Die Veranstaltung ging über ein ganzes Wochenende. Eigentlich fühlte ich mich unter diesen Studenten überhaupt nicht wohl. Sie waren alle so kirchlich fromm, während ich mich nach einem Austausch über den Glauben unter Gleichaltrigen sehnte. Zwar glaubten diese Leute an das Gleiche wie ich, doch irgendwie gehörte ich zu den Menschen, mit denen sie nichts zu tun haben wollten. Ich trug lange Stufenröcke mit Oberteilen aus dem Secondhandladen und hüllte mich in den Duft von Patschuli. Doch als einer der Sprecher um Mitarbeiter warb, hörte ich nur drei Worte: Berge, Kinder und Colorado. In der nächsten Pause ging ich gleich auf ihn zu. Ich wollte unbedingt in seinem Camp mitarbeiten. Mir war klar, dass ich wahrscheinlich nicht die perfekte Besetzung war, aber ich konnte an nichts anderes mehr denken. Den Sommer über ganz woanders sein, war genau das, was ich machen wollte.

Ich kam ins Auswahlverfahren. Am Telefon fragte man mich nach meinem Glauben. Voller Begeisterung erzählte ich, wie sich mein Leben durch Jesus von Grund auf verändert hatte. Bei ihm hatte ich grenzenlose Vergebung und tiefen Frieden gefunden. Dann fragte der Anrufer mich nach einem meiner Lieblingsbibelverse. Bloß ein einziger Vers wurde verlangt. Aber mir fiel keiner ein. Und ich schwieg. Nur ein Knacken in der Telefonleitung war zu hören. Bestimmt dachte der Anrufer: Kennt diese begeisterte junge Christin nicht einmal Johannes 3,16? Wortlos legte ich auf, traurig darüber, dass mein Traum von Colorado damit wohl gestorben war.

Entsprechend überrascht war ich, als ich dann tatsächlich als Mitarbeiterin an dem Sommerlager 1995 am Eagle Lake teilnehmen durfte. Glücklich machte ich mich auf den Weg nach Colorado. Auf meinem T-Shirt prangte das Bild der Hip-Hop-Band „Beastie Boys" und ich trug meine leuchtend blauen Pumas. Schon immer hatte ich einen super Draht zu Kindern gehabt, ich liebte alle Spiele und Aktivitäten, die man draußen machen konnte, und ich hielt Colorado für den Bundesstaat mit der allerschönsten Landschaft überhaupt. Was ich aber nicht ahnte, war, dass ich in den Augen der anderen völlig unchristlich daherkam. Auch war mir nicht bewusst, wie ungefestigt mein Glaube noch war.

Zunächst fand für alle Mitarbeiter eine Vorbereitungswoche statt. Die anderen wirkten auf mich alle sehr reif und tief im Glauben verwurzelt. Vor allem die jungen Frauen waren von ihrem Typ her sehr sanft und freundlich und man konnte sich sehr gut vorstellen, wie sehr sie als Betreuerinnen von ihren Mädchengruppen geliebt werden würden. Ohne Mühe fanden sie in ihren Bibeln solche Bücher wie Amos oder den Brief an die Galater. Und alle hatten ständig einen Stapel mit Kärtchen in der Hand, mit denen sie von morgens bis abends Bibelverse auswendig lernten. Bei jeder Gelegenheit starrten sie reglos und mit gesenktem Kopf auf ihre Karten, während ich mich in der Bibel nur mühsam zurechtfand.

Ich passte nicht hierher, das sah man schon von Weitem. Und ich wusste es nur zu gut. Nachts weinte ich heimlich, weil ich mich so fremd fühlte. Im Gegensatz zu diesen wohlerzogenen, sanften Wesen muss ich hart und grob wirken, dachte ich. Sie erzählten von ihren Bibelgruppen an den Universitäten, von ihren Missionseinsätzen, hatten CDs mit ihren Lieblingspredigten dabei und waren darauf vorbereitet, den Jugendlichen geistlich zu dienen. Ich hingegen berichtete von den Drogendealern, denen ich von Jesus erzählte, hatte meine Konzertmitschnitte von der Rockband „Grateful Dead" dabei, und ihr Bandlogo klebte zudem auf meinem Auto. Einer der Betreuer konnte diesen unchristlichen Aufkleber einfach nicht ertragen. Ich erlaubte ihm, ihn abzukratzen. Doch so etwas Böses überhaupt nur anzufassen, kostete ihn große Überwindung.

Ich fühlte mich so fehl am Platz – trotzdem blieb ich. Hier würde ich vieles lernen, das spürte ich. Auch wenn ich am Ende des Sommers immer noch nicht so sein würde wie alle anderen hier, so hatte Gott für mich doch viele positive Veränderungen vorbereitet.

....

Mein Kind, auch wenn jetzt die Herausforderungen und Schwierigkeiten zunehmen, sei gewiss, du wirst sie überwinden. Lerne nur, die Kraft und Sanftheit deines himmlischen Vaters wahrzunehmen.
Louisa May Alcott
....

Eigentlich war ich mit der Erwartung nach Colorado gekommen, jede Menge attraktive, junge Männer in Fleecepullis kennenzulernen. Zwar war ich noch nie westlich von Chicago gewesen, aber meine Vorstellungen von dort waren sehr konkret. Ich würde mit Kindern arbeiten, inmitten einer herrlichen Landschaft, umgeben von attraktiven Männern, und am Ende würde ich mit einem von *ihnen* bis ans Ende meiner Tage glücklich dort zusammenleben.

Natürlich wäre es besser gewesen, wenn ich mich danach gesehnt hätte, Jesus näher kennenzulernen und geistlich zu wachsen. Aber Gott störte sich nicht an meinen falschen Motiven, er begegnete mir so, wie ich war und liebte mich – trotz meiner armseligen Motivation.

Von meiner Heimat aus gesehen war Colorado der Wilde Westen und meine Erwartung in Bezug auf die dort lebenden Männer entstammte eher der Filmwelt als der Realität. Als ich in Colorado Springs ankam, fuhr ich auf einen Parkplatz, um zu tanken und ein paar Einkäufe zu erledigen. Ich freute mich schon auf die muskelbepackten, braun gebrannten Männer, die bei einem Kaffee über ihre nächste Tour in die Wildnis philosophieren würden. Doch die Männer, die ich sah, unterschieden sich in keiner Weise von denen in meiner Heimat Indiana. Sie sahen wie ganz normale, hart arbeitende Menschen aus, die darauf hofften, irgendwann ein paar ihrer Träume zu verwirklichen. Wo steckten denn nun die Helden des Wilden Westens? Ich dachte, hier würden auf jeder Treppe die Backpacker mit ihren Rucksäcken sitzen, Gedichte lesen und Countrymusik hören … Doch weder vor dem Laden noch bei der Tankstelle sah ich auch nur einen einzigen interessanten Typen. Und ich fing langsam an zu merken, dass ich wohl dem Hollywood-Klischee auf den Leim gegangen war. Doch was ich später in Colorado vorfand, war viel mehr wert als alles, was ich mir erhofft und ausgemalt hatte. Gott hatte ganz andere und viel bessere Pläne für mich.

~

Gott ließ mir in diesem Sommer seine Gnade auf vielfache Weise zukommen. Er beschenkte mich. Und viel Schönes war dabei. Das größte Geschenk war Shaunda. Sie schaffte es irgendwie, in mir nicht nur das Mädchen zu sehen, das hinter den Jungs her war und keinen Plan von der Bibel hatte. Sie hatte mich lieb, sah das Potenzial, das Gott in mich gelegt hatte, und wurde meine Freundin. Für sie war mein junger Glaube kostbar. Stundenlang zeigte sie mir besonders schöne, wichtige Bibelverse und erklärte mir, welch ungeahnte Möglichkeiten mir mein neues Leben mit Jesus bot. Von ihr erfuhr ich auch, warum alle anderen immer mit ihren Kärtchen beschäftigt waren. Sie verschaffte mir einen Überblick über das dicke, fremde Buch und durch sie lernte ich die Bibel lieben. Sie übte auch das Beten mit mir. Dank dieser Freundschaft wandte sich mein Interesse von den Jungs weg, hin zu den Dingen, die viel wichtiger waren.

Ich werde nie vergessen, wie Shaunda mir von ihren eigenen Schwächen und Kämpfen erzählte. Ihre Offenheit half mir, auch meine dunklen Seiten preiszugeben. Gleich in unserem ersten Gespräch erzählte sie mir, dass sie ein Problem mit dem Essen hätte. Ein Schokoriegel in der Schreibtischschublade ihres Mannes könnte sie so verrückt machen, dass sie kaum an etwas anderes denken könnte, erzählte sie. Sie bräuchte dann ihre ganze Kraft, um ihn ja nicht aufzuessen.

Nachdem sie so ehrlich mir gegenüber war, öffnete ich ihr mein Herz und ließ das ganze Elend heraus, das sich in meiner Seele angestaut hatte. All meine Schwächen und die ganze Rebellion. Ich erzähle von meinem Beziehungschaos sowie meinem Alkohol- und Drogenkonsum. Auch gab ich zu, wie unsicher ich eigentlich angesichts all dieser super-heiligen Menschen im Camp war. Niemand hier schien auch nur annähernd mit den Kämpfen und dem Versagen vertraut zu sein, die mein Leben bestimmten.

Shaundas Herzenshaltung war für mich ein immenser Liebesbeweis. Sie setzte damit in mir frei, dass ich mich nach immer mehr Offenheit sehnte. Jahre später, als ich selbst zu einer geistlichen Bezugsperson für junge Frauen wurde, blieb ihr Verhalten mir gegenüber immer mein Maßstab. In meinen Gesprächen beschritt ich grundsätzlich Shaundas Weg und machte mich zuerst meinem Gegenüber verletzlich, zeigte meine Schwächen und achtete auf vollkommene Ehrlichkeit. Durch Shaundas Begleitung und geistliche Fürsorge kam ich in diesem Sommer in vielen Bereichen meines Lebens und Glaubens voran. Trotzdem wurde es auch der Sommer, in dem ich *ihn* traf.

....

Soll ich mich selbst klar erkennen, dann halte
mir den Spiegel des Wortes Gottes vor Augen.
Paul David Tripp

....

Allerdings traf ich Jason im ersten Sommer nur im Vorbeigehen. Er sah aus wie ein Backpacker – dicke Boots, Bart, Fleecepulli, dreckig, lustig, ernst und voller Liebe für Jesus. Eigentlich war er genau der Typ von Mann, den ich in Colorado erwartet hatte. Er kam im Camp an, als hätte er sich zwei Wochen nicht gewaschen. Er war verspielt, kletterte auf jeden Felsen und war gleichzeitig auch irgendwie schüchtern. Mit allem, was diesen Mann ausmachte, war er für mich ein Traum. Doch wir hatten in verschiedenen Bereichen des Camps zu tun. So blieb mir in diesem ersten Sommer nichts anderes übrig, als ihn aus der Ferne zu bewundern. Doch im darauffolgenden Sommer sah das anders aus.

~

Ich werde nie vergessen, wie ich im zweiten Jahr zu Beginn des Camps allein um einen See gegangen bin, mitten in den Bergen.

Während ich wanderte, betete ich. Ich sehnte mich danach, in diesem Jahr die Fortsetzung dessen zu erleben, was Gott mir im Vorjahr geschenkt hatte. Damals hatte ich den für mich mutigen Schritt unternommen, auf alle Dinge zu verzichten, die mein Denken benebelten und meine Gefühle dämpften. Ich hatte mich dazu durchgerungen, mich mit mir selbst auseinanderzusetzen – ohne Alkohol und Drogen. Als ich anschließend an mein College zurückkehrte, stellte ich fest, dass ich sowohl als Person wie auch als Christin an Stärke gewonnen hatte.

Entsprechend erwartungsvoll kehrte ich nun ins Sommerlager zurück. Ich wollte weiter verändert werden. Dieses Mal nicht in Bezug auf das, was ich konsumierte, sondern vor allem in Bezug auf mein Inneres. Ich betete darum, dass Gott gegen Stolz, Arroganz und Selbstsucht in meiner Seele angehen würde. Es sollte um die tieferen, weniger sichtbaren Probleme des Lebens gehen.

Auch dieses Mal trug ich wieder dasselbe T-Shirt und dieselben Schuhe wie im Vorjahr, nur machte es mir jetzt nichts mehr aus, anders zu sein. Der Anblick der Frauen, die geistlich viel weiter waren als ich und meine Kämpfe nicht kannten, griff mich nicht mehr an. Dieses Jahr entdeckte ich, dass auch ich etwas zu geben hatte. Ich konnte ihnen davon erzählen, wie sich kaputte Menschen fühlten, und ihnen Mut machen, Menschen wie mir von der Liebe zu erzählen, die sie selbst bei Jesus gefunden hatten. Mich verunsicherten die Unterschiede zwischen ihnen und mir nicht mehr, weil ich inzwischen um meine Einzigartigkeit wusste. Meine Lebensgeschichte war wertvoll für andere. Gott hatte mich in eine größere Freiheit geführt. Seine Gnade in meinem Leben hatte zugenommen. Ich war in Gottes Augen und auch vor mir selbst nicht weniger wert als die Frauen, die immer in der Reinheit und Heiligkeit vor Gott gelebt hatten.

Ich wusste, dass ich noch in vielen Bereichen wachsen und heil und verändert werden musste, aber schon jetzt war ich von Gottes Liebe so erfüllt, dass ich den anderen, mit denen ich im Camp war, viel zu geben hatte.

Als ich betend um den See wanderte und über Gottes Wege mit mir und meine Erwartungen an ihn nachdachte, tauchte plötzlich *er* auf. Ich war gerade um die letzte Kurve gebogen und würde gleich wieder an unserer Versammlungshalle sein, als ich Jason Tippetts sah. Er kam mir in Begleitung einer ausgesprochen hübschen jungen Frau entgegen. Ich werde dafür beten, dass sie aus seinem Leben verschwindet, beschloss ich unwillkürlich. Theologisch war das sicher mehr als fragwürdig, aber Jason war für mich jemand ganz Besonderes. Ich gab alles und ließ keine Gelegenheit aus, um in seiner Nähe zu sein, mit ihm zu reden und beim Essen an seinem Tisch zu sitzen. Meine Anstrengung zahlte sich aus. Nach einiger Zeit wurde es einfacher, an ihn heranzukommen. Und siehe da: Dieser lustige Typ mit dem sanften Herzen fing nun selbst an, nach mir Ausschau zu halten. Wow! Und als ich erfuhr, dass die hübsche junge Frau an seiner Seite bloß seine jüngere Schwester war, beflügelte mich die Nachricht. Hatte ich vielleicht tatsächlich Chancen bei ihm?

Durch die Begegnung mit Jesus hatte sich mein Leben vollkommen verändert. Nun führte die Begegnung mit Jason zu einer weiteren großen Weichenstellung. Jason war ein ruhiger junger Mann mit einem sanften Wesen und souveräner innerer Stabilität. Es genügte ihm, mit einer Person zusammen zu sein und sich gut zu verstehen, er suchte nicht nach der Aufmerksamkeit einer ganzen Gruppe. Zu den Jugendlichen im Camp baute er herzliche Beziehungen auf. Er konnte tiefschürfende Fragen stellen, die einem die Augen über sich selbst öffneten. Und im Gegensatz zu mir war er ein exzellenter Zuhörer. Ich genoss die Momente mit ihm, weil er sich für alles zu interessieren schien, was ich ihm erzählte. Er wollte meine Geschichte hören. Nicht irgendeine, sondern meine wahre Geschichte. Anderen Leuten, die mit großartigen Geschichten nach Aufmerksamkeit suchten, ging er aus dem Weg. Er war unkompliziert, aufrichtig und freundlich, machte sich tiefe Gedanken und war belesen. Obwohl er sehr witzig war, konnte er auch über die schmerzhaften Dinge seines Lebens offen reden. Er war ein guter Gesprächspartner und redete selten weniger als ich. In seinen gammligen Klamotten sah er für mich so attraktiv aus, dass ich in seiner Nähe immer dahinschmolz. Einmal kam er von einer Tour zurück ins Lager, dreckig von oben bis unten, und bat um fünf Dollar, weil er sich beim Bäcker etwas kaufen wollte. Ich kann mich genau daran erinnern, wie hingerissen ich war. Er war der süßeste Kerl, den ich jemals gesehen hatte. Seite für Seite schrieb ich in mein Tagebuch über einen Mann, in den ich hoffnungslos verliebt war. Und je länger ich ihn kannte, desto besser konnte ich ihn mir in der Hauptrolle meines Lebens vorstellen. Wie schön wäre es, mit einem sanften, gütigen Menschen zusammenzuleben, gerade auch in Anbetracht meiner Kindheit mit einem zornigen Vater. Jason war so ganz anders als alles, was ich von früher kannte.

In einem Brief an meine Eltern schrieb ich damals, dass ich die Sorte Mann getroffen hatte, die ich heiraten wollte. Meine Familie sollte sich aufgrund dieser Formulierung noch lange lustig über mich machen, aber sie freuten sich auch, dass ich bereit war, eine ernsthafte Beziehung einzugehen. Ich glaube, davor hatte ich es gar nicht für möglich gehalten, dass es einen Mann wie Jason überhaupt gab. Bei einem unserer ersten Gespräche fragte ich ihn, welche Pläne er für sein Leben hätte.

Er antwortete, ohne zu überlegen: „Reichtum ist mir nicht wichtig. Ich möchte Jesus lieben und draußen spielen, Kinder lieb haben und ihnen von Jesus erzählen." Jason entsprach all meinen Idealen. Damals konnte ich mir gar nicht vorstellen, dass er sich jemals für mich interessieren würde. Doch allein der freundschaftliche Kontakt mit ihm hatte mich schon tief beeindruckt und mein Leben bereichert. Mir war klar, entweder würde ich mein restliches Leben an seiner Seite verbringen oder immer nach jemandem suchen, der so wäre wie er.

Leider gab es ein Problem: Von einem gemeinsamen Freund hatte ich gehört, dass Jason sich nur mit Mädchen verabreden würde, die in einem Radius von fünfzig Kilometern um seinen Wohnort lebten. Nun kam er aber aus Kalifornien und ich aus Indiana. Uns trennten dreitausend Kilometer! Eine Beziehung mit mir würde für ihn also nicht infrage kommen. Mir blieb nichts anderes übrig, als eine platonische Freundin zu werden, dachte ich. So kam es denn auch. Wir wurden Kumpels. Doch das änderte nichts daran, dass ich leidenschaftlich in ihn verliebt war. Wir wuschen zusammen unsere Wäsche, gingen in billige mexikanische Restaurants und verbrachten unsere freien Nachmittage lesend auf der Wiese eines großen Schlosses. Er las theologische Bücher von Oswald Sanders, Brennan Manning und Jerry Bridges, während ich Gedichte und Romane von Keats, Wadsworth und Shakespeare las. Beim Buch „Eine harte Gnade" von Sheldon Vanauken trafen wir uns. Ich mochte die erste Hälfte des Buches, in der es um die große Liebe geht. Jason liebte die andere, in der die Hauptpersonen des Buches sich mit den theologischen Wahrheiten des Glaubens auseinandersetzen. Ich bemühte mich, seinen theologischen Gedankengängen zu folgen, während er versuchte, der abgehobenen, idealistischen

Poesie, mit der ich mich befasste, etwas abzugewinnen. Nach solchen schönen Stunden des Lesens und Austauschens gingen wir anschließend meistens in ein einfaches mexikanisches Restaurant – worüber wir zu hundert Prozent einer Meinung waren. Gegen Ende des Sommers überraschte mich Jason. Er gab seine eigenwillige Grenze auf, dass eine Liebesbeziehung nur im Radius von 50 Kilometern zu führen sei. Mein Herz machte tausend Freudensprünge. Kurz darauf führte er mich zu einer schönen Stelle, von der aus man auf das Camp und den nahe gelegenen See sehen konnte. Ziemlich aufgeregt fragte er mich, ob ich zu einer Beziehung mit ihm bereit wäre. Ich platzte fast vor Freude und vergaß vor lauter Glück, seine Frage zu beantworten. Stattdessen überschüttete ich ihn mit einer Unmenge an Fragen, die sich bei mir im Laufe des Sommers angesammelt hatten: *Mit welcher Absicht verfolgst du eine feste Beziehung? Wie willst du dich um mich und meine Gefühle kümmern? Wie möchtest du mich wertschätzen? Und wie soll das alles praktisch gehen, wo wir doch fast an den entgegengesetzten Enden der Vereinigten Staaten leben?* Ich fragte und fragte. Die vielen Bibelstunden und Workshops zum Thema Freundschaft und Ehe hatten mich wohl ein bisschen übers Ziel hinausschießen lassen. Seit Wochen hatte ich schon darüber nachgedacht, wie ich mir eine Beziehung mit ihm vorstellen könnte, und nun wollte ich sichergehen, dass wir auch die gleichen Vorstellungen hatten. Ich wollte wissen, ob er sich auch an die Grenzen und Regeln halten würde, die mir wichtig waren. Meine innere Anspannung führte dazu, dass wir auseinandergingen, ohne dass ich überhaupt Ja gesagt hatte. Ein Wunder, dass er nicht schon damals das Weite gesucht hatte! Aber er blieb. Und ich konnte mich auf seine Liebe verlassen, mein ganzes Leben lang. Später, als wir uns begegneten, holte

ich das nach, was ich versäumt hatte. Da stand ich vor ihm, herz-
klopfend, sah ihn an und sagte leise: „Ja, ich würde sehr gerne
herausfinden, was Gott für uns beide bereithält."

....

*Als wir uns verliebten, war es Winter und die Natur
war erstarrt. Wir überlegten: „Falls wir uns in der
Blüte des Sommers nicht mehr lieben als jetzt, dann
trennen wir uns wieder." Doch wir liebten uns mehr.
Es gibt für die Liebe nur zwei Richtungen: Entweder
sie nimmt zu oder sie stirbt.*
Sheldon Vanauken

....

Ein Jahr lang führten wir eine Fernbeziehung, dann zog Jason in
die Stadt, in der ich das College besuchte. Wir wollten herausfinden, wie wir im Alltag miteinander klarkommen würden. Die
Zeit im Sommercamp war schön, aber dort herrschten natürlich
viel angenehmere Bedingungen als im normalen Leben. Ein Se-
mester später wussten wir, unsere Beziehung war auch alltags-
tauglich. Im Dezember machte Jason mir einen Heiratsantrag
und im Mai sagte ich öffentlich „Ja, ich will!".

Nicht immer verlief unsere Ehe reibungslos, aber nun sind
wir sechzehn Jahre zusammen und unser gemeinsames Leben
ist schöner als alles, was ich mir immer erträumt hatte. Wir hei-
rateten jung, ich war einundzwanzig, Jason fünfundzwanzig.
Entsprechend durchliefen wir viele Phasen, immer gemeinsam,
sodass wir miteinander an ihnen reiften.

Ich kann mich noch genau erinnern, wie wir am Tag nach
unserer Hochzeit von meinem Elternhaus wegfuhren, zu einer
Hütte am See. Ich war total still, was wirklich ungewöhnlich
ist. Jason stellte mir die ganze Zeit freundliche Fragen und ich

antwortete auch, aber relativ wortkarg. In meinem Kopf gab es ein Gedankenwirrwarr: *Du bist jetzt nicht mehr Kara. Jetzt bist du die Frau von jemandem. Er ist nicht mehr Jason, er ist der Mann von jemandem. Das kann man nicht mehr ändern. Ihr habt heute Nacht zusammen geschlafen, jetzt ist es besiegelt. Er ist jetzt für immer dein Mann.* Ich geriet zunehmend in Panik.

Dieses „Für-Immer" fühlte sich entsetzlich lange an und machte mir richtig Angst. *Hatten wir das Richtige getan? Oder hatten wir doch zu schnell geheiratet, wie manche Leute uns gewarnt hatten?* Jason bog auf die Autobahn. Er drehte sich mir zu und machte einen seiner flachen Witze, die mich immer total entspannten. Ich lachte und da kam etwas Sicherheit zurück: *Gott sei Dank, dass ich Jason geheiratet habe. Er ist auf jeden Fall witzig und eine Ehe läuft bestimmt besser, wenn man viel zusammen lacht.* Ich weiß noch, wie ich anschließend meine Ängste zurückdrängen konnte, indem ich mir wieder klarmachte: *Ja, er ist dein Mann, aber er ist ein wundervoller Mann und er wird ein genialer Ehemann sein! Er bringt so viel Freude in dein Leben. Schau ihn dir nur an. Es wird alles gut gehen. Du kannst froh sein, in der Nähe dieses Mannes leben zu dürfen.*

Am Anfang unserer Ehe hatten wir sehr gute Mentoren, geistliche Weggefährten, was ein Riesengeschenk für uns war. Sie hatten uns von Herzen lieb und wir konnten ihnen so sehr vertrauen, dass wir ihnen von den Dingen erzählten, die nicht gut liefen. Unter anderem übten sie mit uns, fair zu streiten. Für das erste nicht gerade einfache Ehejahr war das eine sehr wertvolle Disziplin. Wir waren radikal ehrlich zu unseren beiden Begleitern und versuchten erst gar nicht, sie zu beeindrucken. So kam denn auch auf den Tisch, dass ich ständig versuchte, Jason zu manipulieren, um meinen Kopf durchzusetzen. Jason bemerkte das zwar, ließ mich aber gewähren. Zum Beispiel bettelte ich darum, dass er mir Blumen schenkte. Doch kam er dann mit einem Strauß an, warf ich ihm vor, dass die Blumen nicht seine Idee gewesen wären. Er hätte sie nur gekauft, weil ich ihn darum gebeten hatte. Ein anderes Thema waren meine Fähigkeiten als Hausfrau. Tatsächlich hatte ich einfach keine Ahnung, wie man eine Wohnung in Ordnung hält. Wir hatten eine 60-Quadratmeter große Wohnung, aber es sah bei uns so aus, als ob wir mindestens 100 Quadratmeter Fläche benötigten. Hausarbeit war einfach nicht mein Ding. Hinzu kamen die vielen Streitereien. Es ging immer um Kleinigkeiten. Zu Beginn unserer Ehe waren für uns halt eben auch die unwichtigsten Themen von immenser Bedeutung. Denke ich heute daran zurück, dann haben diese Auseinandersetzungen über Belangloses uns darauf vorbereitet, später die wichtigen Themen zu meistern.

Unsere Mentoren erklärten uns, dass es später einmal für unsere Kinder sehr wichtig wäre, dass wir fair streiten könnten. Wenn wir in angespannten Situationen nicht freundlich miteinander umgingen, würde das den Kindern Angst machen und die Entwicklung ihres Urvertrauens beeinträchtigen. Das spornte uns sehr an, unsere Kunst zu streiten zu verbessern. Folglich berichteten wir Ruth und Steve, unserem Mentoren-Ehepaar, jedes Mal davon, wie unser letzter Streit verlaufen war und wir sprachen darüber, wie wir den Konflikt in größerer Fairness hätten bewältigen können. Das machten sie Woche für Woche mit uns. Dabei ging es gar nicht darum, wer von uns beiden nun recht hatte. Sie übten mit uns, auch dann noch liebevoll und fürsorglich miteinander umzugehen, wenn wir wütend aufeinander waren. Freundlich und fair miteinander zu streiten, ist wirklich eine Kunst, eine schöne Kunst. Wir verbrachten Jahre damit, unsere

Kommunikation als Ehepartner zu verbessern, unsere Liebe auch im Streit zum Ausdruck zu bringen und all das zu vermeiden, was dem anderen gegenüber unfair war. Dazu zählten unter anderem Fehler der Vergangenheit zu erwähnen oder den anderen mit einem Verwandten zu vergleichen. Wir gewöhnten uns an, solche Dinge im Streit nicht zu sagen. Es brauchte Zeit, sehr viel Zeit, aber über die Jahre verwandelte sich unser Streiten in eine freundliche Unterhaltung zweier Menschen, die sich lieb hatten, auch wenn sie nicht gleicher Meinung waren.

~

Jason sagte oft, die Ehe sei der schnellste Weg zur Heiligung. Der Prozess der Heiligung eines Menschen ist kostbar, kann aber auch schmerzhaft sein. Heiligung findet statt, wenn Gott seine Gnade in unser Leben investiert, damit wir charakterlich reifen. Und die Ehe ist eines der Instrumente, mit denen Gott an uns arbeitet und Ecken und Kanten zum Vorschein bringt. So wird Vergebung eingeübt und wir lernen, Fehler zuzugeben und falsches Verhalten zu ändern. Da zeigt sich dann, wie kostbar es ist, sich für bedingungslose, lebenslange Liebe zu entscheiden. Beide Partner können sich in einem solchen Umfeld entfalten und in Bereiche hineinwachsen, die sie sich alleine nie zugetraut hätten.

Jason und ich hatten beide ganz bestimmte Erwartungen an die Ehe mitgebracht, die wir jetzt mit unserer Wirklichkeit abzugleichen hatten. Manche Dinge hatten einen zu hohen Stellenwert bekommen und mussten abgewertet, andere wiederum aufgewertet werden. Wir lernten, was Ehe wirklich ist und was nicht. Gleichzeitig mussten wir uns ehrlich mit unseren Bedürfnissen auseinandersetzen, die unbefriedigt blieben. Das war teilweise sehr schmerzhaft. Aber in all den Prozessen übten wir, immer vergebungsbereit zu bleiben in Liebe aufeinander zuzugehen. Ja, unsere ersten Ehejahre waren anstrengend. Und wir hatten nie vor, dem anderen wehzutun, trotzdem gab es viele schmerzhafte Situationen, wenn sich der andere nicht so verhielt, wie man es sich erhofft hatte. Daraus wuchs viel Streit, der sich nicht so leicht wieder auflösen ließ.

....

Das ist der größte Trost überhaupt – von Gott angenommen zu sein, vollkommene Vergebung zu empfangen und dann, mit Gottes Gnade, auch die tiefsten Wunden und Verletzungen vergeben zu können.
Rose Marie Miller
....

Meine Freundin drückte es einmal so aus: „Jeder trägt einen Käfig voller Ratten mit sich herum." Die Ratten symbolisieren unsere Unfreundlichkeit, die Kämpfe gegen die Sünde, die charakterlichen Konflikte sowie die emotionale Kälte und Härte. Jeder kennt seine Ratten. Manche Ratten lieben wir, andere hassen wir. Und wir geben uns die größte Mühe, sie alle vor unseren Mitmenschen zu verbergen. Gleichzeitig wollen wir die ganze Zeit herausfinden, wie sehr der Ehepartner uns wirklich liebt.

Als ich an den Punkt gekommen war, meine Ratten nicht mehr vor Jason verstecken zu müssen, hatte ich das Gefühl, dass unsere Ehe erst richtig begann. Er erlebte mich als Morgenmuffel, als Chaotin im Haushalt, er kannte meine panischen Putz- und Aufräumattacken, wenn Besuch sich ankündigte und er wurde mit der Ratte konfrontiert, die ihn dazu bringen wollte, immer genau das zu sagen, was ich hören wollte. Doch mein wunderbarer Mann sah diesen ganzen Ratten ins Gesicht und erwiderte:

„Kara, ich liebe dich, mit allen deinen Ratten! Du gehörst für immer zu mir." Es dauerte Jahre, bis ich mir seiner Liebe wirklich sicher war. Doch je mehr ich ihm vertraute, desto entschlossener konnte ich gegen meine Ratten angehen. Gottes Liebe ist ähnlich, aber in seiner Liebe sagte er zu uns: „Ich mache dir ein Angebot. Wenn du willst, werde ich dein Herz verändern. Ich habe keine Angst vor deinen Ratten, aber es wird dir besser gehen, wenn diese bösen kleinen Biester dich nicht mehr plagen."

Ich bin immer noch nicht alle Ratten los und manchmal werde ich auch noch unfair, wenn Jason und ich uns streiten. Das ist einfach so. Aber ich habe Ruhe und Sicherheit an der Seite meines Mannes gefunden. Seine Liebe und Freundlichkeit mir gegenüber sind das Kostbarste, was ich mir in diesem Leben vorstellen kann. Deshalb will ich auch meine eigene Unfreundlichkeit überwinden und durch liebevolles Verhalten ersetzen. Ich möchte die grenzenlose Liebe Jesu immer mehr erfassen und weitergeben – diese bedingungslose Liebe, die immer an das Gute im anderen glaubt, vergibt und mit Nachsicht reagiert. Es gibt Tage, da fließt die Liebe nur so, an anderen Tagen tue ich mich sehr schwer. Aber wenn ich dann meine Aufmerksamkeit auf den richte, der mich über alles liebt, wird mein Blick wieder klar und ich kann die Liebenswürdigkeit meines Mannes wieder deutlich sehen.

....

Dinge selbst offenzulegen, ist besser, als sie durch andere ans Licht bringen zu lassen. Am Ende, wenn wir Jesus gegenüberstehen, wird ohnehin alles sichtbar. Also können wir uns auch jetzt schon offenbaren.

Ed Welch
....

Ohne uns dessen bewusst zu sein, machen wir alle uns jahrelang bestimmte Vorstellungen davon, wie unsere Ehe eines Tages aussehen wird. Das beginnt schon als Kind, setzt sich in den Teenagerjahren fort und je älter wir werden, desto konkreter werden unsere Erwartungen. Wir warten auf einen Partner, den wir noch nicht kennen, und erhoffen, dass seine Liebe unser verletztes, gebrochenes Herz heilt und wir nie wieder einsam sein werden. Wir beobachten andere Paare und beneiden oder kritisieren sie innerlich, während wir uns unsere eigene, zukünftige Ehe perfekt vorstellen. Am Ende haben wir die Ehe in ein goldenes Kalb verwandelt, in einen Götzen, dem wir alles zutrauen und von dem wir alles erwarten. Doch dafür, dass sie unsere Seele heilt, hat Gott die Ehe nicht geschaffen.

Jason und mir wurde bewusst, dass wir in unserer Singlezeit unrealistische Erwartungen an die Ehe erschaffen hatten. Doch egal wie liebevoll der Ehepartner auch ist, es bleibt da immer eine unausgefüllte Leere. Eine, die selbst der beste Partner nicht ausfüllen kann. Wenn Freundinnen mich beneiden, weil Jason so ein wunderbarer Ehemann ist, dann sagte ich ihnen immer, dass er trotz allem meine tiefe Einsamkeit nicht vertreiben kann. Ich habe angestrengt und ausdauernd versucht, Jason in diesen Platz hineinzudrücken, aber es geht einfach nicht. Es gibt zwar Augenblicke, in denen seine Liebe mich nahezu erfüllt, doch der innerste Platz meines Herzens ist Jesus vorbehalten. Nur er kann diesen wirklich ausfüllen.

Erst in unserer Ehe fiel mir auf, wie selbstsüchtig ich eigentlich war. Solange ich nur in freundschaftlichen Beziehungen lebte, konnte ich meine unschönen Seiten verstecken. Sie kamen nur dann ans Licht, wenn ich allein zu Hause war. In der Ehe ging das nicht mehr. Weder hatte ich Zeit noch Raum, irgendetwas zu verstecken. So kamen nach und nach all meine Schattenseiten ans Licht. Das machte mir Angst – aber es wurde zu einer wunderbaren Erfahrung.

~

Vor ein paar Jahren hörte ich einem Mann zu, an dessen Worte ich mich noch heute erinnern kann. Damals arbeitete ich als Lehrerin an einer christlichen Schule. Er war einer der Pastoren der Stadt und seine Botschaft war an die Schüler gerichtet. Er erzählte aus seiner Kindheit, in der er stotterte, eine Zahnspange trug und viel kleiner war als seine Altersgenossen. Seine Offenheit berührte mich sehr. Da stand tatsächlich ein erwachsener Mann vor uns auf der Bühne und gab die ganzen Nöte seiner Kindheit preis. All diese Dinge hatten seine Persönlichkeit stark geprägt. Und dann forderte er die Kinder auf, sich vier einfache Worte einzuprägen: „Die Liebe ist freundlich" (1. Korinther 13,4).

Manchmal braucht es nicht viel, um große Veränderungen in uns zu bewirken. Für mich veränderten diese vier Worte schlichtweg alles. Ich war gerade mit unserem ersten Kind schwanger und die Wogen in unserer Ehe hatten sich noch nicht geglättet. Doch dann dämmerte es mir: Könnten diese vier kleinen Worte etwa mein ganzes Leben beeinflussen? Könnten sie, mit Gottes Hilfe, meine Beziehungen verändern?

Die tiefgründigen Worte des Mannes ergänzten wunderbar, was unsere Mentoren gleichzeitig mit uns einübten. Jason und ich waren dabei, miteinander eine Streitkultur zu entwickeln, die unsere zukünftigen Kinder nicht verunsichern würde. Dabei hatten wir den Anspruch, offen und ehrlich miteinander umzugehen. Die Freundlichkeit echter Liebe half uns sehr dabei.

Die Liebe ist freundlich. Diese vier Worte wurden zu einem Fundament für unsere Ehe. Es ist nicht einfach, sie im Alltag umzusetzen. Aber als dann unsere Kinder zur Welt kamen, entfalteten diese Worte ihre ganze, erstaunliche Wirkung.

Einige Monate, nachdem ich diese lebensverändernde Botschaft gehört hatte, wurde unser erstes Kind geboren, ein wunderschönes kleines Mädchen. Als ich ihr liebes Gesicht betrachtete, wusste ich, dass sie den Namen meiner geliebten Oma bekommen sollte: Eleanor. In ihr war mir zum ersten Mal bedingungslose Liebe begegnet. Mit zweitem Namen sollte sie Grace heißen – so hieß die Gemeinde, in der ich zum ersten Mal von Jesus gehört hatte. Drei weitere Kinder folgten schnell aufeinander: Harper, meine Freude, Lake Edward und Story Jane. Alle Namen erinnerten uns an bedeutsame Zeiten, in denen Gott uns mit seiner Gnade reich beschenkt hatte. Doch mit jedem Kind wurde es wichtiger und schwerer zugleich, die freundliche Liebe im Alltag zu leben. Oft hätte ich meine Scham, meine Wut und all die Unebenheiten meines Charakters gerne versteckt. Kleine Kinder machen viel Arbeit, das Geld ist oft knapp und man hat immer zu wenig Schlaf. Da liegen die Nerven blank. Jede kleine Verletzung tut richtig weh und es fehlt nicht viel, um zornig zu werden. Mamas und Papas leiden, auch wenn sie ständig über ihre Grenzen gehen, immer unter dieser nagenden Anklage: *Du hast nicht genug gemacht – du hast zu wenig geliebt, du hast zu wenig Zeit für das Kind.*

Da ist es eine große Herausforderung, freundlich zu bleiben und erst recht zu lieben. In den Jahren, als die Kinder klein waren, hielten Jason und ich fest zusammen. Es war eine anstrengende Zeit, aber wir waren fest entschlossen, selbst wenn wir total erschöpft waren, freundliche Eltern zu bleiben. Wir unterstützten uns darin, hatten uns lieb und entlasteten uns gegenseitig, wenn die Erschöpfung zu groß wurde. Verlor einer von uns trotzdem die Nerven, dann geschah Vergebung. Ohne dass viele Worte nötig gewesen wären, ging der, von dem die Verletzung ausging, auf den anderen zu, entschuldigte sich und gemeinsam beteten wir, dass Gott uns helfen und verändern möge. Wir baten ihn, unser Herz zu verändern. Einfach war das allerdings nicht.

Die Kinder bereiteten uns schlaflose Nächte, gleichzeitig besuchte Jason ein theologisches Seminar und wir erlebten eine große Enttäuschung in der Gemeinde – was blieb uns anderes übrig, als uns fest an Jesus zu klammern und uns zu bemühen, einander Tag für Tag mit Freundlichkeit und Liebe zu begegnen? Als Jason mit dem Seminar fertig war, folgte eine besonders schwere Zeit. Mitten in der Gemeinde schlug uns Hartherzigkeit, Sünde und Unfreundlichkeit entgegen. Doch Gott nutzte diese Zeit, um unsere Liebe zu vertiefen und unsere Grenzen zu weiten. Wir durften die Früchte der Arbeit ernten, die wir in den ersten Jahren in unsere Ehe investiert hatten. Und Gott zeigte uns, wie er uns in schweren Zeiten charakterlich reifen lässt.

Wie kann eine Gemeinde ihren Leitern so zusetzen? Ich war davon ausgegangen, wir würden unser restliches Leben an diesem kleinen Ort in den Bergen verbringen, den Menschen dort dienen und sie lieben. Aber Gott hatte etwas anderes mit uns vor. Was für uns großes Leid bedeutete, war Gottes Anstrengung, uns von unseren eigenen Vorstellungen abzubringen und uns dorthin zu führen, wo er uns als Nächstes haben wollte. Halten wir zu sehr an unseren eigenen Plänen fest, kann Gott uns nicht führen, ohne uns wehzutun. Für mich war das besonders schwer, weil ich so gerne an diesem Ort geblieben wäre. Ich hatte mich von ganzem Herzen auf die Menschen eingelassen; außerdem träumte ich davon, dort eines Tages eine eigene Farm zu besitzen. Ich stellte sie mir ähnlich schön vor wie die Farm meiner Großeltern.

Acht Jahre hatten wir in dem Bergdorf verbracht. Es war die Zeit, in der unsere Kinder geboren wurden und mein Alltag ziemlich chaotisch war. Ich hatte mich in diesen Ort regelrecht verliebt. Das Leben dort kannte keine Hektik, die Menschen sprachen mit einem eigenen Akzent und die kulinarischen Kostbarkeiten waren ausgesprochen lecker.

Ich hatte dort auch einen alten Mann kennengelernt, der mir wie mein eigener Großvater war. Er hieß Jack und hatte nicht mehr lange zu leben. Oft war ich bei ihm und saß an seinem Bett. Wir hielten uns bei der Hand, weinten zusammen und sprachen offen darüber, wie dankbar wir füreinander waren. Im Angesicht seines nahenden Todes fiel es uns leicht, Gefühle in Worte zu fassen. Er sprach Segensgebete über mir aus und wir erlebten Momente unbeschreiblicher Freude. Wir sprachen offen darüber, dass er nicht mehr weit von der himmlischen Heimat in der Ewigkeit entfernt war. Was sich dann aber in der Gemeinde entwickelte, die er sein Leben lang geliebt hatte, erlebte er nicht mehr. Als mich die Nachricht erreichte, dass er bald seinen letzten Atemzug machen würde, eilte ich zu seinem Haus und blieb an der Seite seiner Frau, die er über sechzig Jahre lang geliebt hatte. Ich hielt ihre Hand, ohne ein Wort zu reden. Gnade erfüllte den Raum wie auch tiefe Traurigkeit. Während ich mit dieser Familie durch das Tal des Todes ging, konnte ich mir nicht vorstellen, jemals an einem anderen Ort leben zu wollen oder zu müssen als hier.

Doch schon bald nach Jacks Tod kam der Moment, in dem wir wussten, dass wir nicht für immer bleiben würden. Es gab Sünde in der Gemeinde, die benannt und ein schmerzlicher Prozess hätte durchlaufen werden müssen. Doch das verhinderte ein anderer, dessen Kritik sehr gefürchtet war. Er war ein wichtiger Mann am Ort und niemand wollte sich vor ihm bloßstellen. Hinzu kam ein weiterer Mann, der unbedingt wollte, dass wir gingen. Seine Unfreundlichkeit überraschte uns nicht, er hatte auch anderen Gemeinden schon zugesetzt. Noch schlimmer war, dass niemand ihm widersprach. Natürlich war es leichter, zu schweigen und die Dinge geschehen zu lassen. Und das war der Weg, für den sich die ganze Gemeinde entschieden hatte. Für uns war das alles sehr schmerzhaft. Aber es war auch Gottes Gnade, die uns half, einen Platz zu verlassen, dessen Innerstes nicht in Ordnung war.

Um die Kinder vor den verletzenden Unfreundlichkeiten zu schützen, hatte Jason beschlossen, den Ort zügig zu verlassen. Es war ein mutiger Schritt in eine unbekannte Zukunft.

Am anderen Ende der Stadt besaßen wir ein kleines Haus, in das wir jetzt zurückkehrten. Im Garten hängten wir einen Autoreifen auf als Schaukel für die Kinder. Wir freuten uns an schönen Sonnenuntergängen, machten Lagerfeuer und kochten zusammen. Ein Kind lernte Fahrrad fahren. Ganz langsam legte sich die Anspannung. Wir kamen zur Ruhe. Niemandem mussten wir etwas recht machen, um nichts kämpfen, keine Erwartungen erfüllen – wir hatten nur uns selbst. Es war eine ungewohnt ruhige Zeit mit wenigen Worten, aber auch Trauer. Wir konzentrierten uns sehr auf die Kinder, dachten viel nach, entdeckten Gottes Güte mitten im Leid und wurden allmählich innerlich wieder heil.

Unsere jüngste Tochter trägt den Namen der Gemeinde, die wir verlassen hatten. Fragt man mich, was ihr Name – Story Jane – bedeutet, dann kann ich eine Geschichte der Liebe erzählen. Ich spreche dann von einem Ort, an dem immer noch ein Teil meines Herzens hängt. Auch wenn uns dort viel Leid zugefügt wurde, so bedauere ich es nicht, mein Kind nach diesem Ort benannt zu haben.

Das Leid war zum Teil auch meine Schuld. Ich hatte mich zu sehr geklammert an unsere Zukunft dort. Und ich hatte Jesus nicht vertraut, dass er an einem anderen Ort ebenso gut für uns sorgen würde. Außerdem hatte ich mich so sehr danach gesehnt, geliebt zu werden von den Menschen, denen ich meine Liebe gab. Doch ich bin stolz darauf, dass meine Tochter diesen Namen trägt. Wenn ich heute für diesen Ort bete, dann ist mir bewusst, dass Gott größer ist. Er bleibt an meiner Seite und ich bete dafür, dass auch sie spüren, dass er bei ihnen ist.

Oft raubte mir in dieser Zeit der Kummer den Schlaf. Viele Stunden lag ich wach und dachte über die ganze Situation nach. Ängstlich fragte ich Jason, wie es mit uns weitergehen würde. Damals dachte ich, unsere gebrochenen Herzen würden nie wieder heil werden können. Doch dann versicherte Jason mir behutsam: „Kara, morgen ist ein neuer Tag, und wir werden morgen wieder treu sein in allem, was Gott für uns haben wird. Es wird immer wieder vorkommen, dass Menschen uns enttäuschen. Aber morgen werden wir uns ganz dicht an Jesus halten."

Ich vertraute Jason, liebte ihn und wusste, wir würden auch am nächsten Tag unter Gottes Schutz stehen. Morgen und an jedem Tag, der noch kommen würde.

Es ist nicht leicht, inneren Frieden zu bewahren, wenn es um einen herum stürmt. Wenn man gehen muss und nur auf Gott vertrauen kann, dass er Gerechtigkeit und Versöhnung herstellen wird. Dieser Friede entfaltete sich nur sehr langsam. Gottes Gnade führte uns weiter, in eine Gegend mit noch höheren Bergen, wieder anderem Essen und fremden Menschen, die nicht weniger kostbar waren als jene, die wir verlassen hatten.

....

Heilung und Wiederherstellung beginnen erst, wenn man sich dem Problem in seinem ganzen Ausmaß gestellt hat.
Dan Allender

....

Sehe ich die vielen grauen Haare in Jasons Bart, wird mir bewusst, wie schnell die Jahre vergangen sind. Als wir uns im Sommerlager kennenlernten, waren wir kindliche Idealisten, die davon ausgingen, dass das Beste morgen noch vor ihnen liege. Aber die vier Worte „Die Liebe ist freundlich" hatten uns zusammengeschweißt. Wir hätten nie gedacht, dass uns einmal in unserem Dienst so viel Schmerz zugefügt werden würde, aber wir konnten in diesem Sturm lernen, liebevoll und freundlich zu sein und zu bleiben. Jason hätte auch nicht gedacht, dass er einmal ein anderes, ein zerbrechliches Geschöpf lieben müsste, das die Krankheit aus mir machte. Doch er lernte, mich freundlich zu lieben, als der Krebs mir die Kraft nahm, seine Liebe zu erwidern. Wir wurden freundlich zu sein gelehrt in den Zeiten, als Jason mich jede Nacht weinend im Bett antraf, weil ich ihm in meinem durch Medikamente umnebelten Zustand mit den Kindern und dem Haushalt überhaupt nicht mehr helfen konnte. So hatte Jason die Freundlichkeit anderer schätzen zu lernen, die täglich selbst gekochte Mahlzeiten, ermutigende Karten und andere Zeichen ihrer Liebe an unserer Haustür abgaben. Gottes Gnade trug uns, ernährte uns und erinnerte uns daran, dass wir von Güte umgeben waren.

Später dann, als der Horizont der uns verbleibenden Tage verschwand, lernten wir eine tiefere Form der Freundlichkeit kennen, während wir uns der Ungewissheit ausgesetzt sahen. Doch selbst in dieser Zeit entfaltete sie sich. Es kam so weit, dass wir außer unserer Freundlichkeit nichts mehr zu geben oder zu tun hatten. Behutsam und liebevoll führte uns Gott und wir ließen es zu. Leise und zerbrochen folgten wir seinem Weg. Jeder Tag brachte uns einander näher. An manchen Tagen ging es leichter, an anderen wieder schwerer, doch niemals vergebens. Mitten in einem Schmerz, mit dem wir nie gerechnet hätten, wurde unsere Liebe füreinander stärker. Jede Enttäuschung, jeder Zerbruch schweißte uns nur noch fester zusammen.

Als Jason und ich uns kennenlernten, waren wir noch sehr jung. Für uns stand fest, dass wir eine gute Ehe führen wollten. Wir gaben alles, kämpften dafür, rangen um Ehrlichkeit und sehnten uns danach, uns gegenseitig immer mehr zu lieben.

Heute genieße ich eine Ehe, um die mich viele beneiden. Sie entwickelte sich, während wir mitten durch Nöte gingen, statt Schwierigkeiten aus dem Weg zu gehen. Wir lernten, nach dem Streit und dem Ärger weiterzugehen und immer nach Wegen zu suchen, um das Herz des anderen wieder mit unserer Liebe zu erreichen. Zwar nervt es mich immer noch, wenn Jason den nassen Waschlappen in der Badewanne zusammengeknäuelt liegen lässt, statt ihn zum Trocknen über den Rand der Wanne auszubreiten. Aber so etwas hält mich nicht mehr davon ab, liebevoll und freundlich zu ihm zu sein.

Im zurückliegenden Jahr fanden wir heraus, dass unsere Ehe noch ganz andere Wege der Reife und Tiefe beschreiten kann, als wir dachten. Es ist schön, wenn man sich aufeinander verlassen kann, wenn Liebe und Freundlichkeit herrschen und man gnädig und vergebungsbereit mit den Schwächen des anderen umgeht. Egal, ob wir zusammen Kaffee tranken oder beteten, es geschah alles in Liebe – wofür viele uns bewunderten. Unsere Ehe strahlte Unterstützung und Zärtlichkeit aus und wir wurden dadurch zu Bezugspersonen für viele Paare, die aneinander verzweifelten. Unsere Partnerschaft war wirklich ein Gewinn. Doch ich erinnere mich sehr genau an diesen Tag, als Jason von einer Konferenz zurückkam. Er war ruhig und nachdenklich. Kurz bevor er gefahren war, hatten die Ärzte bei mir Veränderungen in der Gebärmutter festgestellt. Es war zu befürchten, dass der Krebs weitergemacht hatte. Jason erzählte von der Konferenz. Jemand hatte darüber gesprochen, dass man, wenn man Gott wirklich liebt, alles andere loslassen wird. Ich lag im Bett und sah ihn an. Sein Blick ruhte auf mir, als er zu weinen begann. Es brauchte keine Worte. Er stand vor der größten Herausforderung seines Lebens: Würde er seine Hände öffnen und alles loslassen können – auch mich?

Während ich diese Zeilen schreibe, liegt er jetzt hier neben mir. Er schläft tief und fest. Gleichmäßig atmet er ein und aus. Ich kämpfe seit einer Woche wieder gegen das Fieber. Das letzte mitsamt Schmerzen ist noch nicht lange her. Am liebsten möchte ich Jason wecken, er soll meine Tränen sehen, mich trösten und mir versichern: Es ist nicht wahr, der Krebs kommt nicht zurück. Aber er ist so müde. Er hat den Kindern heute wieder die Mutter ersetzt, er füllt jetzt immer beide Rollen aus, ist Mutter und Vater für die vier. Unsere Ehe ist stark. Er liebt mich. Seine

Arme halten mich. Er tröstet mich und geht mit mir durch jedes Tal. Aber mein Leben retten kann er nicht. Ich lasse ihn schlafen, nur heute, dieses eine Mal. Mein Gott, mein Retter, weiß um meinen Schmerz und meine Angst vor dem Krebs.

~

Erwarten wir manchmal von menschlicher Liebe mehr, als sie geben kann? Belasten wir unsere Beziehungen, indem wir Unmögliches voneinander verlangen? Lassen wir unsere Ratten auf die Menschen los, die wir lieben?

Es ist klug, von denen zu lernen, die schon etwas weiter sind, deren Ehe gut ist, und die seit Jahrzehnten Erfahrungen sammeln. Wir können diese Menschen einladen, sie kennenlernen und um Rat fragen. Sind sie offen und authentisch, ihre eigenen Kämpfe nicht zu leugnen und von ihren Nöten zu reden, ohne sich gegenseitig schlecht zu machen, dann könnten sie uns zu guten Begleitern unserer Liebesgeschichte werden.

- Wo hat Freundlichkeit in Ihrem Leben schöne Spuren hinterlassen? Gibt es Wunden oder Narben in Ihrer Seele, die durch Unfreundlichkeit entstanden sind?

- Gibt es in Ihrem Leben Menschen, die Ihnen unangenehm sind? Können Sie feststellen, wie Gottes Gnade Ihnen hilft, diese Menschen zu lieben, so wie Gott auch die unschönen Seiten Ihrer Person liebt? Freundlichkeit ist ein Geschenk, das wir niemals verdienen können. Das schrieb Paulus auch an die Christen in Rom: „Seht ihr denn nicht, dass gerade diese Güte euch zur Umkehr bewegen will?" (Römer 3,4).

- Erinnern Sie sich an Zeiten, in denen Sie ein Außenseiter waren, und jemand freundlich auf Sie zukam, Sie liebevoll behandelte und Sie in die Gruppe integrierte? Wie haben Sie diese Freundlichkeit erlebt?

- Falls Sie verheiratet sind, welche Erwartungen brachten Sie in die Ehe mit, die sich als nicht erfüllbar herausstellen? Wie gehen Sie mit diesen unerfüllten Wünschen um? Wie haben Sie erlebt, dass nur Gott selbst diese Bedürfnisse befriedigen kann?

- Bleiben Sie freundlich, wenn Sie streiten? Wie sieht das praktisch aus? Würde sich in Ihrer Beziehung etwas ändern, wenn auch die Konflikte freundlich ausgetragen würden?

Kapitel 3

Alles kommt anders

„… alles auf der Welt hat seine Zeit …"
Prediger 3,1

Als Jason und ich frisch verheiratet waren, eroberte ein kleines Buch den christlichen Markt. Es hieß „Das Gebet des Jabez" und war von Bruce Wilkinson. Es verkaufte sich in so hohen Stückzahlen, wie man das sonst von christlichen Büchern nicht kennt. Der Autor hatte im Alten Testament einen interessanten Vers gefunden: „Jabez rief den Gott Israels an und sprach: ‚Ach dass du mich segnetest und mein Gebiet mehrtest und deine Hand mit mir wäre und schafftest, dass mich kein Übel bekümmere!' Und Gott ließ kommen, worum er bat." (1.Chronik 4,10). Damals wurden in allen Kirchen und Gemeinden Produkte verkauft, auf denen dieses Gebet stand. Christen beteten diesen Vers, predigten darüber und alle kauften das Buch. Wer hätte nicht gerne ein großes Gebiet, in dem er leben könnte, ohne dass ihn etwas bekümmerte? Auch wir besaßen das Buch und haben den Vers gebetet. Natürlich wollten auch wir Weite erfahren und vom Leid verschont bleiben.

Dann kam jener 11. September, an dem vier Flugzeuge in unserem Land entsetzliches Leid anrichteten, und das Buch verschwand vom Markt. Die Aufkleber, die vom erweiterten Gebiet und unbekümmertem Leben sprachen, wurden wieder von den Windschutzscheiben abgekratzt. Niemand sprach mehr öffentlich über die Theologie des Jabez. Aber das Streben nach größerem Besitz war damit nicht aus unserem Denken und Beten verschwunden, wir gingen nur zurückhaltender damit um.

Die Geschichte von Jason und mir beinhaltete eine Serie von Niederlagen, sowohl nach allgemeinen wie auch nach christlichen Maßstäben. Aber im Verlust fanden wir einen Reichtum, den wir kaum beschreiben konnten. Mitten in den Stürmen des Lebens erlebten wir, wie Gott unsere Herzen heilte und uns innerlich reich und stark werden ließ.

Neulich erinnerte ich mich an die Erfolgsstory des kleinen Jabez-Buches und fragte Jason: „Stell dir vor, wir hätten damals die ganzen Niederlagen erlebt, als alle vom Gebet des Jabez inspiriert waren. Ob wir damals auch so offen mit unserer Geschichte umgegangen wären? Oder ob wir uns eher versteckt hätten?" Ich verfolgte früher keine größeren Ziele, als ein angenehmes Leben zu führen, in dem alles glatt lief, mit Überfluss in allen Bereichen, frei von Unglück und Not. Darum betete ich und so verstand ich Gottes Schutz und Segen. Heute allerdings frage ich mich, ob ich damals vielleicht manche Not anderer Menschen gar nicht wahrgenommen habe, weil ihre Situation einfach nicht in mein Bild passte? Natürlich wünsche ich mir auch heute noch ein weites Gebiet und ein Leben ohne Unglück und Not. Ich denke auch nicht, dass es falsch ist, mit den Worten von Jabez zu beten. Aber es ist falsch, wenn wir Gottes Rolle in unserem Leben vor allem darauf beschränken, dass er uns ein leichtes, angenehmes Leben ermöglicht.

~

Wir erhielten die Möglichkeit, von Gott geführt, die Leitung einer kleinen Gemeinde in Colorado zu übernehmen. Für uns war das wirklich ein Geschenk. Wir hatten an unserem vorigen Platz gelernt, dass der Dienst für Gott nicht immer angenehm ist und nicht immer nach unseren Vorstellungen läuft. Natürlich ist es schön, Gott zu dienen, aber es geht nicht immer alles glatt. Mit dieser Erfahrung im Gepäck, wollten wir nun Gemeinde bauen. Eine Gemeinde, in der es nicht um äußerlich sichtbaren Segen ging, sondern in der Offenheit und Ehrlichkeit große Rollen spielten. So waren unsere Überlegungen, doch wir ahnten damals noch nicht, wie viel Offenheit uns abverlangt werden würde.

Wir hatten beschlossen, unseren Möbelwagen zu überholen und schon eine Nacht früher am neuen Ort einzutreffen. Unsere Vorfreude auf die neue Gegend war riesig. Ein lieber Freund hatte in unserer provisorischen Bleibe für uns das Feuer im Kamin entfacht, Schlafsäcke ausgebreitet und uns etwas zum Essen bereitgestellt. Wir waren müde von der Fahrt und dankbar, am Ziel zu sein. Nachdem die Kinder sich etwas umgesehen hatten, legten wir uns früh schlafen. Es war etwa 21:30 Uhr. Etwa eine halbe Stunde später wachte ich wieder auf. Mir war schlecht. Ich bemühte mich, die Kinder nicht zu wecken und trotzdem so schnell wie möglich das Bad zu finden. Flüssigkeitsmangel, die Höhenlage, Erschöpfung – was auch immer es war, es kam plötzlich und mit großer Macht. Ich stand vor der Toilette. Mein letzter Gedanke war: Ich muss mich übergeben. Was danach passierte, daran kann ich mich nicht mehr erinnern. Als ich wieder zu mir kam, lag ich mit dem Gesicht auf dem Boden. Überall war Blut. Ich hatte heftige Schmerzen und hörte Jasons Stimme, der sanft auf mich einredete.

Ich hatte mir die Lippe durchgebissen und einen zweifachen Nasenbruch geholt. Ohne mich abstützen zu können, war ich mit dem Gesicht auf dem Steinboden gelandet. Jason brachte mich ins Krankenhaus, wo die Ärzte mich in den Computertomografen schoben und ein EKG machten. Kaum hatten sie die Aufnahmen gesehen, teilten die Ärzte uns mit, dass mit meinem Herzen etwas nicht in Ordnung wäre. Ich wurde stationär aufgenommen. Meinen ersten Abend an dem neuen Ort, dem wir so erwartungsvoll entgegengefahren waren, hatte ich mir wirklich anders vorgestellt.

Ängstlich sah ich zu Jason. Er sagte, er könne nicht bei mir bleiben. Wir konnten die Kinder nicht allein in einer fremden Stadt aufwachen lassen. Außerdem würden die Möbelmänner in weniger als fünf Stunden da sein. So blieb ich allein zurück, im Zimmer eines fremden Krankenhauses in einer fremden Stadt. Da kam mir eine Frage in den Sinn, die ich einmal einer Gruppe von jungen Mädchen gestellt hatte: *Wenn nichts da ist, das dich trösten kann und keine Freunde erreichbar sind, reicht Jesus dir dann?* Daran musste ich jetzt denken, während die Krankenschwestern kamen und gingen. Ich war so froh, dass ich die Frage mit einem Ja beantworten konnte, woraufhin mich tiefer Friede erfüllte. Ich spürte einen Halt, der stark genug war für meine Situation.

In den darauffolgenden Monaten wurde ich immer wieder untersucht. Ich war erst sechsunddreißig Jahre alt und hatte nun regelmäßig einen Termin beim Herzspezialisten. Immer wieder wurde meine Herzfunktion mit Monitoren überwacht. Aber was in jener kalten Januarnacht los gewesen war, blieb unklar. Meine Nase heilte, ebenso die anderen Verletzungen. An meiner Lippe wurden die Fäden gezogen und man erklärte uns, dass mein Herz bei den Untersuchungen im Krankenhaus wohl nur deshalb so auffällig reagiert hätte, weil ich davor zu Hause zusammengebrochen war. Damit gaben wir uns zufrieden, dachten nicht mehr länger an den Vorfall und machten uns daran, unsere neue Gemeinde kennenzulernen. Wir luden die Leute nacheinander zum Essen ein, besuchten die verschiedenen Kleingruppen und erzählten immer wieder von der einfachen, ehrlichen, auf der Bibel begründeten Gemeinde, von der wir träumten, hier im Westen von Colorado Springs.

Trotzdem: Die Erinnerung an die Ereignisse in jener ersten Nacht ließen uns nicht los. Vielleicht war es ja kein Zufall gewesen, dass ich meine erste Zeit in der neuen Stadt schwach und krank verbracht hatte? Gleich zu Beginn war ich hilflos und elend. Vielleicht sah Gott einen beschwerlichen Weg für uns vor, der trotzdem gut sein würde? Kann es Zeiten im Leben geben, in denen das Schwere zum Segen wird?

Wir erkundeten die neue Stadt, wählten einen für uns geeigneten Stadtteil aus und machten uns auf die Suche nach einem Haus. Eines Tages, nachdem wir die Kinder zur Schule gebracht hatten, entdeckten wir eins, das zum Verkauf stand. Ich sah die riesige Pappel im Garten, die perfekt war, um eine Autoreifen-Schaukel aufzuhängen, – genau wie bei unserem vorigen Zuhause. Begeistert sah ich Jason an: „Das ist es!" Es hatte viel mehr Zimmer, als wir annahmen, zu benötigen. Doch schon bald verstanden wir, warum Gott uns zu einem Haus mit zwei Gästezimmern geführt hatte.

Eines Samstags, nachdem wir gerade eine Woche in diesem schönen Haus gewohnt hatten, begann der nahe gelegene Berghang zu brennen. Ich war schon ein paar Mal an der Schlucht vorbeigefahren, wir hatten aber noch keine Zeit gehabt, sie zu besuchen. Wir wollten gerade anfangen, unsere Nachbarn kennenzulernen und freuten uns auf den Beginn der neuen Gemeindezeit, die auch in unserem Haus beginnen sollte, als das Feuer ausbrach.

Anfangs konnten wir uns einfach nicht vorstellen, dass dieses Feuer etwas mit uns zu tun haben würde. An jenem Samstagabend saßen wir in unserem neuen Wohnzimmer, verfolgten die Nachrichten und beobachteten die Rauchschwaden, die am Horizont aufstiegen. Wir konnten von unserem Fenster aus erstaunlich viele Tiere beobachten, doch wir gingen nicht davon aus, dass dieses Feuer bis zu unserem Haus vordringen würde.

Okay, wir packten ein paar Sachen ein, wir machten Bilder von unserem Hab und Gut und wir beteten auch, aber wir konnten uns wirklich nicht vorstellen, dass wir evakuiert werden könnten.

Am Dienstag ging ich mit den Kindern und einer Freundin, die zu Besuch bei uns war, ins Kino. Eigentlich hatten wir kein Geld dafür, aber das Bedürfnis, vor der Hitze zu fliehen und von den ständigen Feuer-Nachrichten abgelenkt zu werden, überwog. Wir hatten Spaß an dem Film und ahnten nicht, dass draußen gerade der Wind drehte. Als wir aus dem Kinogebäude traten, erschreckte mich die größte Rauchwolke, die ich jemals am Himmel gesehen hatte. Ich ging ein paar Schritte um das Gebäude und dann sah ich es: Der ganze Bergrücken hinter unserem Haus stand in Flammen. Pures Entsetzen griff nach mir. Um der Kinder willen versuchte ich, normal zu funktionieren, aber ich schaffte es kaum. Ich fuhr zu unserem neuen Haus und dachte immer nur: *Ich will nicht dorthin, ich will nicht zu diesem Albtraum, diesem Chaos. Ich will wenden, schnell weg von hier!* Ich rief Jason an, der nicht weniger erschrocken reagierte und auch sofort nach Hause eilte. Uns blieben fünfzehn Minuten zum Packen, dann wurde der Rauch so heftig, dass wir verschwinden mussten. Meine Freundin gab sich alle Mühe, die Kinder zu beschäftigen, während ich hektisch und unsystematisch ein paar Kleidungsstücke zusammenraffte. Für mich selbst hatte ich nur zwei Kleidungsstücke erwischt. Unsere Panik war so heftig wie der Rauch. Wir mussten uns so schnell wie möglich in Sicherheit bringen. Ich griff wahllos nach Bildern, Tagebüchern, Kindheitserinnerungen und Liebesbriefen. Uns blieben nur wenige Minuten, um zu entscheiden, was für uns die meiste Bedeutung hatte.

Vor zehn Tagen hatten wir einen acht Meter langen gemieteten LKW benötigt, um mit unserem Hab und Gut in unser neues

Haus einzuziehen. Jetzt aber fuhren wir mit unseren Kindern, unserer Freundin und ein paar wenigen Sachen vom Haus weg. All die unendlich vielen Sachen, die wir zehn Tage zuvor noch ins Haus geschleppt hatten, waren jetzt nicht wert, gerettet zu werden. Es waren alles vergängliche Sachen, nicht zu vergleichen mit den unendlich kostbaren Menschen, die mit uns im Auto saßen. Alles andere war wertlos.

Während wir das Feuer hinter uns ließen, spielten die Kinder auf dem Rücksitz. Ihnen ging es gut, sie hatten einander und waren fröhlich. Sie hatten kaum wahrgenommen, welch Albtraum sich am Berghang direkt hinter unserem Haus abspielte. Aber Jason und mir war sehr bewusst, dass wir ziellos die Straße entlangfuhren. Auf der Flucht vor einem Schreckensszenario, das ich bis heute nicht wirklich in Worte fassen kann und dessen Anblick wir beide nie wieder loswerden würden. Wären wir eine halbe Stunde später aus dem Kino gekommen, hätten wir unser Haus weder betreten noch diese paar wichtigen Unterlagen und Erinnerungsstücke mitnehmen können.

Voller Hoffnung auf einen guten neuen Lebensabschnitt waren wir umgezogen. Doch die Realität empfing uns mit einer Blutlache, einer gebrochenen Nase, einem kranken Herzen und einem Großbrand in dem Stadtteil, den wir uns als neue Heimat ausgesucht hatten.

....

Erkennst du, wie wertvoll eine Welt
voller Schmerzen und Nöte ist? Sie schult
das Denken und gibt der Seele Tiefgang.
John Keats
....

Das Feuer löste unsere Hände von all unserem Besitz. Die Minuten im dicken Rauch, die Zerstörung der Landschaft ringsumher und die Angst vor den Flammen veränderten unsere Prioritäten schnell und von Grund auf. Nur die Menschen, die wir liebten, zählten. Sie waren unersetzlich.

Viele Menschen haben in jenen Tagen jegliches Hab und Gut verloren. Doch unser Haus war verschont geblieben. Wir durften nach einiger Zeit zurückkehren. Bei unserem Einzug hatte ich Stunden damit verbracht, alle Räume perfekt zu dekorieren und Schönes zu arrangieren. Als wir das Haus jetzt wieder betraten, hatten diese Dinge ihre Bedeutung verloren. Sie waren belanglos, austauschbar, hätten verbrannt sein können, waren aber noch da. Mir wurde bewusst, wie vergänglich alles Materielle war, so wie ich es vor dem Feuer noch nie verstanden hatte.

Natürlich hätte es mich sehr geschmerzt, wenn alles verbrannt gewesen wäre. Ich hätte um jedes Stück getrauert, das ich nicht rechtzeitig in Sicherheit hätte bringen können. Aber ich spürte, wie unendlich viel wichtiger es war, dass wir einander hatten.

Zwei Wochen vergingen. Die Kinder spielten und ich war dabei, immer noch den feinen Ruß, mit dem der Rauch alles in unserem Haus überzogen hatte, wegzuputzen. Jason und ich wollten an diesem Abend etwas unternehmen. Also ging ich nachmittags ins Bad, um mich etwas zurechtzumachen. Unter der Dusche kam mir plötzlich der Gedanke, einmal meine Brust abzutasten. Irgendwie empfand ich eine gewisse Dinglichkeit, das zu tun. Und tatsächlich – da war etwas! Ich ahnte, dass diese Verhärtung, die ich da spürte, nicht harmlos war und begann zu weinen. Dann rief ich Jason an. Unter Tränen erzählte ich ihm davon, was ich entdeckt hatte. Auch als ich danach meine Freundin anrief, weinte ich. Ich wusste instinktiv, was los war.

Wir erkundigten uns, wo es an unserem neuen Wohnort die besten Chirurgen und Onkologen gab. Ende Juli hatten wir den Termin. Die Diagnose veränderte für unsere Familie alles. Ich kann mich nur noch bruchstückhaft an diesen heißen Sommertag erinnern, an dem sich unsere schlimmsten Befürchtungen bewahrheiteten. Der Radiologe war ziemlich sicher, dass ich Krebs hatte. Er schickte uns direkt zu einer Chirurgin, die sofort eine Gewebeprobe entnahm. Erstaunlicherweise lag das Untersuchungsergebnis schon Minuten später vor. Die Chirurgin setzte sich mir gegenüber und sah mich an: „Ich habe jetzt das Ergebnis der Gewebeprobe und es ist wirklich Krebs." Ich musste an Zeichnungen von den Peanuts denken, wie Charlie Brown in der Schule steht und verzweifelt weint, mit aufgerissenem Mund und Tränen, die in alle Richtungen sprühen. *Uahh, uahh, uahh…* *Brust entfernen… uahh, uahh, uahh… Haare werden ausfallen…* *uahh, uahh, uah … schnell wachsender Tumor.* Ich sah zu meiner lieben Freundin Ann herüber, die wir mitgenommen hatten. Wir hatten sie darum gebeten, alles mitzuschreiben, was die Ärzte sagen würden. Sie schrieb, so schnell sie konnte, mit Tränen in den Augen. Sie war Krankenschwester und die Fachausdrücke der Ärztin waren ihr geläufig. Immer wieder versicherte sie mir, dass sie alles verstand und notierte. Und obwohl ihr Tränen übers Gesicht strömten und sie unter Schock stand, schrieb sie alles auf.

Ich war froh, dass sie da war. Seit die Ärztin das Urteil „Krebs" ausgesprochen hatte, war ich kaum noch aufnahmefähig. Ihre Worte glitten an mir vorbei, glatt, kalt, ohne Bezug zu dem, was ich empfand. Ich sah sie an, starrte auf ihre kurzen rotbraunen Haare und weinte die ganze Zeit. Ihre Stimme klang betont zuversichtlich, während sie darüber sprach, was nun meine nächsten Schritte sein würden. Ich hörte sie, aber verstand sie nicht.

Das Papier auf der Untersuchungsliege, auf der ich lag, war so zerknittert, so zerstört, wie ich mich fühlte.

Sie trat zu mir und zeigte mir die Bilder. Es war deutlich zu sehen, was der Krebs bereits in meiner Brust angerichtet hatte. Ich sah die Aufnahmen auf ihrem Tablet-PC und wollte nicht wahrhaben, was ich sah. Dann griff sie nach meiner Brust, zeigte auf die Einziehungen und Dellen meiner Brustwarze und meinte sachlich: „Die werden wir entfernen." Für sie war das alles normal. Routine. Beruf. Aber ich blickte auf meine Brust, plötzlich ganz anders ... Mit ihr hatte ich meine Kinder genährt und jetzt sollte sie zu meinem Feind geworden sein, der mich umbringen wollte? Es kam mir so vor, als spräche die Ärztin fachmännisch distanziert wie eine Elektrikerin davon, dass wir nur die Sicherungen auszutauschen hätten. Doch hier ging es nicht um Sicherungen. Sie sprach von einem Teil meines Körpers, der Leben spendete, an dem meine Kinder getrunken hatten.

Bald darauf saßen wir wieder im Auto – Jason, Ann und ich. Aber wir fuhren nicht weg. Wir blieben an Ort und Stelle und weinten lange miteinander. Ich wäre am liebsten direkt zu unserem Pastor gefahren, aber er war gerade zu Tisch. Also beschlossen wir, uns auch etwas zum Essen zu kaufen und fuhren zum nächsten Supermarkt. Mir kam alles vollkommen unwirklich vor. *So ist das also, wenn man erfährt, dass man Krebs hat,* dachte ich, *man kauft sich zuerst etwas zum Essen.* Ziellos wanderte ich an den langen Regalen entlang. Irgendwann hielt ich ein paar Heidelbeeren und Wasser in den Händen. Die Beeren schmeckten sauer. Da war kein volles Aroma des Sommers zu schmecken. Später trafen wir uns mit unserem Pastor und seiner Frau. Die ganze Zeit flossen mir die Tränen übers Gesicht. Wir berichteten, was wir wussten und beteten zusammen. Anschließend rief Ann die Verwandten an, denen sie die medizinischen Details mitteilte, und ich rief meinen Schwiegervater an. Wir standen uns sehr nahe. Als er hörte, was wir an diesem Tag erfahren hatten, weinte er so sehr, dass er nicht mehr sprechen konnte und schließlich einfach auflegte.

Wieso passierte mir das alles? Ich war doch mit ganz anderen Plänen in diese Stadt gekommen!

Das Feuer hatte mich innerlich von meinem Besitz gelöst, den Dingen, die mir wichtig waren. Und nun bedrohte der Krebs meine Lebenszeit, sodass Zeit plötzlich zu einem intensiven und kostbaren Gut wurde. Diese beiden Umstände beeinflussten stark meine persönliche Wahrnehmung und veränderten meine Haltung zu den Menschen wie auch zu den Dingen. Wir sprachen in den nächsten Tagen immer von unserer „neuen Normalität" und stolperten gleichzeitig orientierungslos darin herum, ohne irgendetwas als normal empfinden zu können. Arzttermine, Untersuchungsergebnisse, lähmendes Entsetzen, vergessene Mahlzeiten, Stress – nichts war normal.

An einem der Tage badete ich meine Kleinen und fühlte mich plötzlich schier erdrückt von dem Gedanken, wie unvereinbar diese Krankheit mit der Verantwortung für vier kleine Kinder war. Doch dann erinnerte ich mich an Jasons Worte, mit denen er mich getröstet hatte, als wir damals in der verfahrenen Gemeindesituation waren: „Kara, morgen ist ein neuer Tag und wir werden morgen wieder treu sein in allem, was Gott für uns haben wird. Morgen werden wir uns ganz dicht an Jesus halten." Was bedeutete es jetzt, in dieser neuen Katastrophe, Gott treu zu sein? Jesus würde es uns zeigen. Schritt für Schritt. Er würde uns an die Hand nehmen, auch diesen Weg mit uns gehen, dessen waren wir uns sicher.

Hatten wir nicht vorgehabt, in dieser Stadt etwas für Gott zu bewegen, stark zu sein, viel Liebe weiterzugeben und unsere kleine Gemeinde zu einer starken Gemeinschaft aufzubauen, die Jesus in ihrer Umgebung bekannt machen würde? Stattdessen kollabierte ich gleich in der ersten Nacht, unser Haus entkam nur knapp dem Feuer und jetzt raubte der Krebs uns alle Kraft. Wir waren schwach und hilfsbedürftig und meilenweit von all dem entfernt, was wir uns für den neuen Anfang in der neuen Stadt vorgestellt hatten. Doch wir vertrauten Gott.

Vom ersten Tag an wurde unsere kleine Gemeinde von der Schwachheit und Not geprägt, die wir als Familie hineintrugen. Dass diese Christen uns mit allem, was wir mitbrachten, so liebevoll aufnahmen und immer für uns da waren, wenn wir nicht mehr weiterwussten, war wundervoll. Der Punkt, an dem wir standen, dass uns selbst nichts mehr einfiel, war ein guter Ausgangspunkt für alles, was Gott an Neuem tun wollte. Für uns gehörte zum Neuen, dass wir andere um Hilfe bitten mussten. Wir hatten keine Wahl. Man sagt, eine Gruppe verhalte sich immer so wie ihre Leiter. Das gilt auch für Gemeinden. Folglich wurde unsere Gemeinde zu einem Ort, den Menschen aufsuchten, wenn es ihnen nicht gut ging. Denn es war uns schlichtweg nicht mehr möglich, so zu tun, als ob wir alles im Griff hätten, als ob wir stark und selbstständig wären. Nein, wir nahmen jede Hilfe an, die sich uns bot. Als Familie mit einer krebskranken Mutter konnten wir uns keine Form von Stolz mehr leisten. Wie Jesus es gelehrt hatte, beteten wir jeden Tag für unser „tägliches Brot", für die Versorgung mit allem, was wir für die Kinder und uns brauchten und nicht selbst organisieren konnten. Wir waren darauf angewiesen, dass Jesus uns Stunde um Stunde durch jeden einzelnen Tag tragen würde. Und aufgrund all dieser Notwendigkeiten und ehrlichen Bedingungen sahen wir mehr und mehr eine authentische Gemeinde entstehen, von der wir immer geträumt hatten. So gesehen lief alles nach Plan. Nur dass wir nie davon ausgegangen waren, unsere eigene Schwachheit könnte eine Voraussetzung dafür sein.

Unsere Verwandten, die über das ganze Land verstreut lebten, legten Geld zusammen, um uns eine Haushaltshilfe zu finanzieren. Menschen aus der Gemeinde wechselten sich ab, um unseren Kühlschrank aufzufüllen, Essen für uns zu kochen und den Kindern die Brotdosen für die Schule zu bestücken. Eine Freundin sah ihre Aufgabe darin, unser Haus wöchentlich mit einem schönen Blumenstrauß zu schmücken. Ihre Tochter sortierte regelmäßig alle Gefäße und Behälter in unserem Kühlschrank aus, deren Inhalt nicht mehr gut war. Ich war ihr besonders dankbar dafür, dass sie jeden Deckel hob und an allem schnupperte, denn während der Therapie waren Gerüche für mich besonders unangenehm. Ging ein Gerät kaputt, besorgten unsere neuen Freunde uns einen Ersatz, ehe wir das Problem überhaupt bemerkten. Manchmal stand sogar das, was wir brauchten, schon vor uns, ehe wir es kommuniziert hatten.

Andere kamen und setzten sich zu mir ans Bett, sodass Jason und die Kinder etwas unternehmen konnten. Unsere Kinder erlebten zu Hause so viel Krankheit und Leid, dass diese Momente mit Papa in einer unbeschwerten Umgebung für sie sehr wichtig waren. Wenn dann eine der Personen, die bei mir blieben, meine Füße massierte, half mir das, die furchtbare Übelkeit besser zu ertragen. Sie kamen in großer Zahl, nacheinander, in Liebe und Demut. Sie bearbeiteten meine Füße, hörten meinem Klagen zu und ermöglichten meinen Kindern, eine fröhliche Zeit zu haben. Für Jason und die Kinder war es wichtig, fest zusammenzustehen und an schönen Gewohnheiten festzuhalten, wie zum Beispiel das Essen beim Mexikaner. Aus dem ganzen Land flogen liebe Freunde ein, die uns unterstützten. So viel Hilfe zu brauchen, war eine Erfahrung, die einen demütig werden lässt.

Jason und ich waren schon ziemlich früh übereingekommen, dass wir irgendwann Freunde und Verwandte brauchten, die bei uns wohnen würden, um den Haushalt zu managen und die Kinder zu betreuen. So wohnten verschiedene Frauen nacheinander bei uns. Auch mein Bruder und meine Schwester waren eine Zeit lang da. Meine liebe Freundin Mickey blieb sogar drei Monate, in denen sie für die ganze Familie sorgte. Sie gab uns allen damit ein sicheres Gefühl, gerade in der Zeit, als die Therapie bei mir besonders schwere Nebenwirkungen hervorrief. Eines Abends wandte sich Jason zu mir und sagte, dass er nun wüsste, warum Gott uns ein Haus gegeben hatte mit zwei Gästezimmern.

....

Wenn wir unsere harten Herzen dem lieblichen Regen der Gnade aussetzen und der Freude erlauben, unsere trockene, rissige Erde aufzuweichen, dann wird Leben hervorsprießen. Das ist es, was die Welt braucht. Der Himmel öffnet sich, wenn wir unseren Dank bringen.
Ann Voskamp
....

Ich konnte es kaum erwarten, bis es mir endlich gut genug gehen würde, um wieder am Leben teilnehmen zu können. Wie ich mich danach sehnte, endlich wieder selbst kochen, mit meinen Kindern tanzen, die Kinder in die Schule fahren und ihnen beim Sport zuschauen zu können! Ich wollte wandern, Fahrrad fahren und hätte alles dafür gegeben, endlich nicht mehr im Bett liegen zu müssen. Seit Monaten lag ich schon flach. Wir brauchten dringend eine Pause, eine Familienzeit, in der meine Erkrankung nicht im Vordergrund stand. Als der Sommer kam, machten wir einen langen Urlaub. Wir spielten viel miteinander, ruhten uns gründlich aus und nahmen uns viel Zeit füreinander. Ich merkte, in den zurückliegenden Wochen und Monaten hatten wir uns irgendwie auseinandergelebt. Glücklicherweise fanden wir schnell zueinander. Es war ein herrlicher Sommerurlaub. Auch wenn ich sehr schnell müde wurde – es war einfach schön, zu leben.

∾

Ein letzter großer Therapieabschnitt lag noch vor mir, die Entfernung meiner Eierstöcke. Anschließend würde zusätzlich zu meinen bisherigen Ärzten noch ein Naturheilkundler ins Team kommen, ich würde meine Ernährung umstellen und den Krebs auch noch mit anderen Methoden bekämpfen. Doch zunächst stand die Unterleibsoperation an. Der Spezialist, der mich behandelte, sprach mit mir darüber, dass er die Gebärmutter lieber nicht entfernen wollte, um meinem Körper nicht zu viel auf einmal zuzumuten. Nur die Eierstöcke, die mussten unbedingt entfernt werden. Doch bei einer Voruntersuchung stellte sich heraus, dass in der Gebärmutter bereits Metastasen waren.

Mir blieb keine Wahl, alles wurde entfernt. Als ich nach der langen Operation erwachte, erfuhr ich, dass meine Situation denkbar schlecht aussah. Alle Therapien, die bereits bei mir gemacht worden waren, hatten nicht verhindern können, dass der Krebs sich weiter ausgebreitet hatte. Ich war zutiefst niedergeschlagen und hatte keine Kraft mehr, mir irgendeine weitere Therapie vorzustellen. War das ganze Kämpfen nicht sinnlos?

Innerlich schrie ich zu Gott, ähnlich wie Jabez damals: „Ach, dass doch der Krebs verschwinden würde und deine Hand mit mir wäre und du schafftest, dass ich keine Schmerzen mehr hätte!" Ich wusste nicht, ob er mich heilen würde, aber bei einer Sache war ich mir ganz sicher: Er würde jeden Tag bei mir sein. Darauf konnte ich mich verlassen und das tat ich auch. Ich vertraute ihm. Und ich werde ihm weiterhin vertrauen. Er ist immer da. Als ich mit meiner ältesten Tochter offen darüber wie auch über meine Prognose sprach, sagte sie schlicht: „Mama, wir wissen, wie wir damit umgehen können." Sie hatte recht. Wir kannten den guten Hirten und wussten, dass er mit uns durch das finstere Tal gehen würde.

Nach der Operation wurden die Untersuchungsergebnisse von einem Facharzt zum nächsten weitergereicht. Die Ärzte sprachen ehrlich darüber, wie sehr ihnen meine Situation zu schaffen machte. Es fiel ihnen nicht leicht, eine so junge Patientin mit einer so schweren Erkrankung vor sich zu haben. Eigentlich hatte ich das schon geahnt, als man mir die ersten Bilder von der Mammografie meiner Brust gezeigt hatte. Wie sollte man einen Krebs loswerden, der sich schon in der ganzen Brust ausgebreitet hatte? Überall fanden sich die Verkalkungen. Wie die Arme eines Tintenfisches hatten sie das ganze Gewebe durchzogen. Und schon damals war mir klar, es würde ein sehr schwerer Kampf werden, der für mich vielleicht nicht zu gewinnen war.

Irgendwann erzählte ich meinen Ärzten, dass ich öfters Kopfschmerzen hatte. Prompt ging es wieder ins Kernspin-Gerät, das einen Tumor im Gehirn sichtbar machte. Ich rief Jason an. Er kam sofort nach Hause und fand mich zusammengekauert in einer Ecke des Schlafzimmers, hoffnungslos und verängstigt. Die Worte „Gehirn" und „Tumor" in einem Satz zu hören, sind verheerend. Ich verlor jede Hoffnung. Nichts machte mehr Sinn. Doch es ging weiter: Termine mit Neurologen, Radiologen und Onkologen jagten sich. Sie hatten Ideen und Pläne und begannen noch am gleichen Tag mit ihren Behandlungen. Ich lernte ein neues, unsympathisches Gerät kennen, das unter erheblichem Grusel-Prusten auf meinen Gehirntumor schoss. Neunundachtzig gezielte Strahlen-Attacken wurden millimetergenau positioniert. Irgendwie keimte unter dieser Behandlung neue Hoffnung auf. Es gab immer noch Möglichkeiten, etwas gegen den Krebs zu unternehmen. Gleichzeitig war das Bewusstsein, dass es die Krebszellen bis in mein Gehirn geschafft hatten, niederschmetternd. Welche Grundlage hatte ich noch zu vertrauen?

Eigentlich dachten wir, diese Bestrahlungen wären harmlos. Aber plötzlich verschwanden Worte aus meinem Gedächtnis. Ich vergaß vieles und hatte Mühe, die Dinge zu tun, die ich mir vorgenommen hatte. Auch fing ich an, mit Jason zu streiten. Es ging immer um das, was er gesagt oder nicht gesagt hatte. Im Grunde wusste ich jedes Mal, dass er recht hatte, aber ich wollte mir nicht eingestehen, dass ich mich nicht an seine Worte erinnern konnte. Ich wollte nicht zugeben, dass ein weiterer Teil von mir seinen Dienst versagte. Als wir wieder einmal darüber stritten, was Jason wohl gesagt hatte, brach ich innerlich zusammen. Ich gab zu, dass das Denken mir Mühe machte und dass mein Gedächtnis Schaden genommen hatte. Jason teilte meinen Schmerz. Natürlich hatte er das längst bemerkt, erzählte er mir behutsam. Danach berichtete ich auch meinem Arzt davon. Er erklärte uns, dass es nur zum Teil von der Behandlung des Gehirntumors käme. Ursache war auch die Nebenwirkung der starken Hormone, die ich seit der Totaloperation nehmen musste. Ich war von einem Tag zum anderen eine Frau geworden, welche die Wechseljahre schon hinter sich hatte. Und die Hormone, die ich deshalb bekam, waren für eine junge Frau sehr heftig.

~

Zusammenfassend muss ich sagen, dass sich mein Leben insgesamt ganz anders entwickelt hatte, als ich es mir damals als kleines Mädchen auf Omas rotem Küchenstuhl vorgestellt hatte. Alles war so anders gekommen. Meine Geschichte nahm Wendungen, mit denen ich nie gerechnet hätte. Welches Kind denkt schon an Krankheit, Leid und Angst, wenn es von seinem Leben träumt? Wir stellen uns Reichtum, Gesundheit, Erfolg und übersprudelnde Freude vor – all das, was sich auch Jabez von Gott gewünscht hatte.

Ich gehe sehr offen mit meiner Krankheit um, was manchen Menschen seltsam erscheint. Sie fragen sich, ob ich damit nicht das zementiere, was ich doch eigentlich bekämpfe? Begrenze ich Gott in seinen Möglichkeiten, mich zu heilen, indem ich offen über die negativen Fakten berichte? Ich glaube nicht. Gott ist allmächtig und kann mich heilen. Er hat dadurch, dass ich das Problem beim Namen nenne oder verschweige, nicht mehr oder weniger Kraft. Der Gott der Bibel weiß genau, durch welche Täler ich gerade gehe und bei jedem Schritt bietet er mir seine Unterstützung an. Er kann mir helfen, egal ob ich über die schweren Dinge rede oder nicht. Er kennt meine Not genau. Er ist mir nahe, mitten im Dunkeln. Ich sehe ihn, er zeigt sich mir, mitten im finsteren Tal. Kann es sein, dass die schweren Wege der Vergangenheit notwendig waren, damit meine Gegenwart so frei und erlöst sein kann? Bekommt damit nicht das ganze Leid in der Welt ein anderes Gesicht? Wird die Finsternis dadurch weniger dunkel, das Leid weniger entsetzlich? Eigentlich kann man Gnade kaum verstehen, ohne Gottes Nähe im Leid zu kennen. Würden die schweren Dinge im Leben durch Gottes Abwesenheit entstehen, wie könnten wir dann im Glauben leben?

~

Wieder kam der Sommer. Drei schwere Diagnosen lagen hinter mir: Krebs in der Brust, in der Gebärmutter und im Gehirn. Ich ertappte mich immer wieder dabei, wie ich meine Lieben betrachtete, forschend in ihrem Gesicht zu lesen versuchte. *Wie war das früher, als ich dachte, ich hätte noch viel und lange Zeit? Wie glücklich war ich, als ich noch nicht wusste, dass meine Tage gezählt waren.* Doch jetzt begleitete mich bei allem, was wir erlebten, das Wissen um die Endlichkeit meiner Zeit. *Wird das mein letztes Erntedankfest sein? Feiern wir heute zum letzten Mal als ganze Familie dieses Fest? Ob diese kostbaren Menschen, die ich so sehr liebe, das wohl auch gerade denken? Und kamen die Freunde, die ich eingeladen hatte, alle nur deshalb, weil sie ahnten, dass es keine weitere Einladung geben könnte?* Weil ich Krebs hatte, kamen Freunde und Verwandte von nah und fern. Es lag jedenfalls nicht an meinen Kochkünsten, schon gar nicht, seit ich auf eine zuckerfreie Diät umgestiegen war und entsprechend zu kochen und backen versuchte. Alle kamen, weil meine Zeit zu Ende ging.

Ich fing an zu zählen. Der Krebs zwang mich dazu. Ich zählte Tage, Ferien, Augenblicke, Atemzüge – und ich erhielt dabei das eigenartige Geschenk, jeden Moment bewusst und mit Dankbarkeit zu leben. Sah ich Jason an, dann wusste ich, dass es ihm genauso ging. Er zählte auch. In seinen Augen stand das verzweifelte Begehren nach mehr Zeit, mehr Atemzügen seiner Frau, mehr Nächte, in denen unsere Füße sich unter der Decke berühren. So lange wie möglich wollte er hinausschieben, was er den Kindern eines Tages würde sagen müssen. Ihm stockte der Atem, wenn er daran dachte: *Mama ist nicht mehr da, um euch zu trösten, sie kann die Entschuldigung nicht mehr unterschreiben, sie erzählt keine Geschichten mehr und tanzt nicht mehr mit euch zur Musik – das alles werde ich jetzt für euch tun.* Er wusste, dass er es sagen konnte. Und er würde all das, was ich machte, auch tun können – außer Tanzen –, aber er wollte nicht.

Ich sah die Angst in seinen Augen. Aber er wusste auch, wie man sich an Jesus klammert. Fast immer lebte er in vollkommener Abhängigkeit von ihm. Aber es war nicht leicht, während die gemeinsame Zeit langsam aber sicher verstrich. Wir steuerten unvermeidlich auf das Ende zu und er wusste, dass es weitergehen musste. Mit Gottes Hilfe könnte er Vater und Mutter sein. Aber wie würden die ersten Augenblicke sein? Die ersten Jahre? Alles, was zum ersten Mal ohne mich stattfinden würde? Wenn er sich morgens mir zuwendete, spürte ich seine Sehnsucht nach mehr. Er zählte genau wie ich. Von da an drückten wir einander unsere Liebe noch klarer und sicherer aus. Kleine Missverständnisse gab es nicht mehr, unser Umgang miteinander war liebevoll und zart.

....

Die Zeit drängt voran wie ein mächtiger Strom. Sie fließt unaufhaltsam und reißt alles mit sich. Nur wenn ich mich in die Strömung der Zeit hineinstelle, mit dem ganzen Gewicht meiner Aufmerksamkeit, kann ich den Lauf der Zeit bremsen. Ich kann die wilde Flut aufhalten, indem ich voll in sie eintauche.

Ann Voskamp

....

92

So habe ich angefangen, über das Leben zu sprechen, das nach mir sein wird. Ich bete für Jason, für sein sanftes Herz. Ich bete, dass es immer genug Liebe hat, die Liebe und Sanftheit, die unsere Kleinen brauchen werden. Sie sind nicht darauf vorbereitet, ohne Mama weiterzuleben. Auch wenn ich nicht mehr bin, werden sie anstrengend und ungehorsam sein und viele Bedürfnisse haben. Jasons Verantwortung wird groß sein. Ich bete, solange ich beten kann, dass Gott unserer Familie immer ein ausreichendes Maß an Gnade schenken möge. Es sind verzweifelte, hoffnungsvolle, wichtige Gebete. Die Gebete werden in der Ewigkeit weiterhallen und Wichtiges bewirken. Sie werden Jason dann wieder begegnen, wenn ich nicht mehr sein werde. Ich werde vergehen, aber die Gebete werden ewig bestehen. Sie sind Ausdruck meiner Liebe, die meine Kräfte und Fähigkeiten bei Weitem übertrifft.

~

Ich quäle mich von einem hilflosen Versuch zum nächsten, den Krebs aufzuhalten. Unseren Apfelkuchen backe ich ohne Zucker, als ob ich damit irgendetwas ausrichten könnte. Krebs kann man so nicht stoppen, das wissen wir alle. Und doch ist es so gut, irgendetwas tun zu können. Auch die vielen Pillen und Nahrungsergänzungsmittel, mit denen ich mir täglich den Magen fülle, geben mir das gute Gefühl, etwas gegen die Krankheit tun zu können.

Noch immer hoffe ich darauf, dass alles gut werden wird. Aber ich hoffe eigentlich nicht mehr auf Heilung. Ich hoffe auch nicht darauf, dass mir Leiden und Schmerzen erspart bleiben. Mein Ziel ist nicht die Rückkehr zu dem schönen Leben von damals. Meine größte, reale Hoffnung richtet sich auf die Nähe des

Einen, der mir versprochen hat, mich niemals allein zu lassen. Er hat mir versprochen, dass mich nichts „von der Liebe Gottes trennen" kann (Römer 8,39). Nichts.

- Seien Sie gewiss: Ihre Geschichte ist eine gute Geschichte. Über all der Trauer, dem Schmerz und allem Schweren steht ein Gott, der alles in der Hand hat. Auch wenn wir das Gefühl haben, unter den Lasten zu zerbrechen, heißt das nicht, dass Gott und alles Gute, was er in unserem Leben bewirkt, uns nicht nahe wären. Unsere Kultur ist auf Sieg, Erfolg und Schönheit programmiert und jeder will der Beste sein. Vielleicht ist das aber nur die zweitbeste Lebensgeschichte ... Haben Sie schon einmal erlebt, dass Leid ihr Leben reicher und tiefer gemacht hat? Wie haben sich diese schweren Zeiten auf Ihre Lebensgeschichte ausgewirkt?

- Kennen Sie den bitteren Geschmack unerfüllter Erwartungen, Hoffnungen und Träume? Wie gehen Sie mit den bitteren Phasen des Lebens um, die keinem erspart bleiben?

- In welchen Situationen fiel es Ihnen schwer, Gott dankbar zu sein? An wen konnten Sie sich wenden, während Sie durch leidvolle Zeiten gingen?

- Ist Ihnen schon einmal Gottes Freundlichkeit und Gnade in Schwierigkeiten begegnet? Woran denken Sie da?

- Haben sich Ihre Erwartungen an das Leben erfüllt? Wie kommen Sie mit den Dingen zurecht, die sich ganz anders entwickelt haben? Wie würden Sie das Leben beschreiben, das Sie heute führen, das vielleicht ganz anders ist, als Sie es sich erhofft hatten?

Kapitel 4

Eine Zeit zum Tanzen

„… alles auf der Welt hat seine Zeit: …
Weinen und Lachen, Klagen und Tanzen …"
Prediger 3,1+3

Seit ich mich erinnern kann, spielte Schönheit bei uns zu Hause eine große Rolle. Meine Eltern sind sehr attraktive Leute. Fuhr meine Mutter Wasserski, hielt ich sie immer für die schönste Frau der Welt – niemand bewegte sich so elegant auf dem Wasser wie sie. Sie ging nie aus Versehen unter, sondern sie warf das Seil hoch in die Luft, um dann aufrecht und langsam ins Wasser zu gleiten. Eine besonders gute Schwimmerin war sie nicht, doch beim Wasserskifahren war sie unschlagbar. Aber auch sonst sah alles, was sie tat, elegant aus, egal ob sie redete, lachte oder irgendetwas anderes machte. Sie trug Capes und fließende Röcke und schminkte sich perfekt, nicht zu viel und nicht zu wenig. Schon in jungen Jahren bekam sie eine einzelne grausilberne Strähne, um die ich sie immer beneidete. Meine Eltern pflegten einen üppigen Lebensstil, sie lachten gerne und liebten alles Schöne. Es war eben auch ihr Aussehen, das sie zusammengebracht hatte und sie auch in späteren Jahren noch aneinander anzog. Anziehungskraft darf man nicht unterschätzen. Meist beginnt alles bei und mit ihr.

Doch ich hingegen war ein kleiner Wildfang. Mir war egal, wie ich aussah. Als ich in die Pubertät kam und sich die verschiedenen weiblichen Rundungen an meinem Körper bildeten, war mir das nicht recht. Ich wollte keine Schönheit werden. Doch mein Vater prahlte liebend gerne mit seinen drei schönen Frauen und ihren Rundungen. Ich merkte, wie Männer anfingen, mich zu mustern. Das war einerseits aufregend, andererseits machte es mir sehr Angst. Beachtet zu werden, war schön und gleichermaßen unangenehm. Schon früh war mir klar, dass alles, was in der Gesellschaft mit Schönheit verbunden wurde, eine Illusion war, besonders in Bezug auf blonde Frauen mit ansehnlicher Oberweite. Doch ich wollte nicht auf meine Schönheit setzen, um am Ende nicht ein leeres, trauriges Leben zu führen. Andererseits besaß ich diese Körperform, dieses Aussehen, das den Männern gefiel – leider, dachte ich oft. Eigentlich wünschte ich mir etwas ganz anderes, ohne genau zu wissen, was das war. Aber für mich stand fest, ich wollte nicht nur wegen meines Körpers beachtet werden.

Ich wollte gerne widerlegen, dass man nur schön sein müsste, um etwas erreichen zu können. Damals entstand in dieser Zeit aus der Punkbewegung der sogenannte Grunge-Stil mit absichtlich schmuddelig wirkender, lässiger Mode. Für mich passte das perfekt. Über Jahre kleidete ich mich so. Die Band Pearl Jam machte die entsprechende Musik dazu. Ich war froh, dass ich einen Stil gefunden hatte, bei dem ich meinen Körper vor den Blicken der Männer verstecken konnte. Im Secondhandshop kaufte ich mir die Klamotten, die ich in etlichen Lagen übereinander trug. Ich kann mich noch genau daran erinnern, wie mich meine Mutter, die sich immer körperbetont gekleidet hatte, fragte, ob ich nicht auch einmal eine Hose kaufen wollte, die mir passte? Diesen Gedanken lehnte ich strikt ab und fühlte mich dabei meiner Mutter und ihrem ganzen Schönheitswahn weit überlegen. So verschoben sich von meiner Person an die Prioritäten in unserer Familie, weg vom Aussehen hin zu mehr Beziehungen.

Kurz nachdem ich Christin geworden war, las ich in der Bibel die folgende Stelle:

....

Wenn dich also dein rechtes Auge zur Sünde verführt, dann reiß es heraus und wirf es weg! Besser, du verlierst eins deiner Glieder, als dass du unversehrt in die Hölle geworfen wirst. Und wenn dich deine rechte

Hand zum Bösen verführt, so hack sie ab und wirf sie
weg! Es ist besser, verstümmelt zu sein, als unversehrt
in die Hölle geworfen zu werden.

Matthäus 5,29–30

....

Als Anfängerin in Sachen Glaube erschrak ich sehr, packte meine Bibel in die Tasche und suchte Jenny Gates auf – die Frau, die mir zuerst von Jesus erzählt hatte. „Soll ich mir die Brüste verkleinern lassen?", fragte ich sie allen Ernstes. Sie sah mich vollkommen verwirrt an. Also erklärte ich ihr, was mich bewegte. Ich erzählte ihr davon, wie Männer mir nicht in die Augen sahen, wenn sie mit mir redeten, sondern ihre Blicke immer etwas tiefer wanderten. Zum ersten Mal sprach ich es direkt aus: „Ich finde es einfach furchtbar, dass ich so eine große Oberweite habe, ich hasse meine Brüste!" Dann brachen die Geschichten jahrelanger Demütigungen aus mir heraus. Wie oft hatten die Männer über meine Brüste Bemerkungen fallen gelassen, hinter vorgehaltener Hand Witze gemacht, mich angestarrt … Ich hatte es so satt! Jenny hörte mir mitfühlend zu, tröstete mich und erklärte mir dann, dass es nicht meine Verantwortung war, wenn es den Männern an Disziplin, Respekt und Selbstbeherrschung fehlte. Und dann sprach sie lange mit mir über die biblische Sicht einer sittsamen, anständigen Frau.

....

Nach meiner Einschätzung ist Selbstablehnung die
Hauptursache dafür, dass Christen sich nicht gesund
entwickeln und in ihrer Beziehung zum Heiligen Geist
verkrampft sind.

Brennan Manning

....

Ich hatte ganz falsche Vorstellungen gehabt. Endlich verstand ich, dass es gar nicht darum ging, mich zu verstecken oder mich selbst abzulehnen. Ich brauchte nicht die Besonderheiten zu hassen, mit denen Gott mich geschaffen hatte! Doch es dauerte noch Jahre, bis ich mich selbst annehmen und meine Schönheit genießen konnte, besonders auch die Schönheit, die Jason in mir sah. Ich wollte mich nicht mehr verstecken müssen, wollte zu meinem Aussehen stehen und mich schön finden. Ich wollte anerkennen, dass Gott mich so geschaffen hatte, wie ich war. Gott hatte mir Schönheit geschenkt. Daran war nichts Falsches. Doch bis heute beschäftigt mich die Frage, wie ich mit meiner Schönheit umgehen kann, dass ich Gott damit ehre?

In Bezug auf mein Aussehen hatte ich viele Verletzungen davongetragen und falsche Entscheidungen getroffen. Als ich dann anfing, Gott kennenzulernen, löste er einen Knoten nach dem anderen auf. Niemand kannte mich so gut wie er. Er hatte meinen Körper geschaffen. Aber manche Wunden brauchten lange, um zu heilen. Dazu zählte die Wut, die ich seit frühester Kindheit in mir trug, weil immer so viel Wert auf mein Äußeres gelegt worden war. Ich hatte mir deswegen meine blonden Haare möglichst kurz geschnitten, mir keine feminin wirkenden Sachen gekauft und weigerte mich, den Körper schön zu finden, den Gott mir gegeben hatte.

Ich wollte um anderer Dinge willen geliebt werden. Entsprechend bemühte ich mich, andere liebenswerte Qualitäten zu entwickeln. Mit großem Ehrgeiz versuchte ich, mir viel Wissen anzueignen, nachdem ich bemerkt hatte, wie leicht mir das Studium am College fiel. Und nachdem ich meine Liebe zum Lesen entdeckt hatte, beschloss ich, Englisch zu studieren und Lehrerin zu werden. Als Lehrerin würde ich viele Möglichkeiten haben, meinen Glauben weiterzugeben. Gleichzeitig fiel es mir immer noch schwer, mit meinem Körper zurechtzukommen, aber je mehr andere Seiten meiner Person sich entfalteten und in den Vordergrund traten, desto freier fühlte ich mich.

Gehört jemand zu Christus, dann ist er ein neuer Mensch.
Was vorher war, ist vergangen, etwas Neues hat begonnen.
2. Korinther 5,17

Dieser Bibelvers berührte mich damals sehr. Aber all die geistlichen Dinge waren mir noch fremd. Ich hatte keine Ahnung, wie ich nun ganz praktisch ein neuer Mensch werden könnte. Ich nahm an, dass ich auf jeden Fall alles, was bisher war, zur Seite tun musste. Ich wollte nun um meines Glaubens willen gut angesehen werden. Darum bemühte ich mich fortan als junge Christin. Gleichzeitig spürte ich aber auch, dass ein Teil meiner Motivation, geistlich zu wachsen, aus Rebellion gespeist wurde. Irgendwie ging es immer noch darum, unabhängig von meinem Aussehen geliebt zu werden. Mir wurde aber erst sehr spät bewusst, dass die Ablehnung meines Körpers auch eine Undankbarkeit gegenüber meinem Schöpfer war. Jesus hatte mich mit einem schönen Körper, einem klugen Kopf und einer gefühlvollen Seele geschaffen. Alle Bereiche gehörten zu meiner Person und waren untrennbar miteinander verbunden. Doch lehnte ich meinen Körper ab, dann stellte ich mich damit zwangsläufig auch gegen meine Seele und meinen Verstand. Letztlich kritisierte ich dadurch Gott, dessen Geschöpf ich war.

Ich erinnere mich noch sehr genau an die Begegnung mit Jason, als ich den zweiten Sommer im Camp war. Zuerst *sah* ich ihn und er gefiel mir. *Danach* hörte ich ihn reden. Was er sagte, klang lustig und intelligent. Ihm ging es nicht anders. Auch es *sah* mich zuerst und damit fing alles an. Das Erste, wovon er angezogen war, war mein Äußeres. Ich schreibe das nicht gerne, aber es ist einfach wahr. Natürlich fing damit unsere Liebesgeschichte erst an und wir unternahmen von da an viel tiefere Wege, uns kennenzulernen – weit über das Äußere hinaus. Aber letztlich begann alles mit dem Aussehen.

Mit viel Geduld machte Gott mir im Laufe der Jahre den Unterschied zwischen den Attributen „hübsch" und „schön" klar. Als Kind sollte ich immer hübsch sein. Da musste einiges kaschiert und anderes betont werden, ich wurde bemalt und gestylt, um in den Augen der anderen möglichst gut auszusehen. Schönheit hingegen ist etwas anderes. Sie existiert, ohne dass man sie herausputzen muss. Oft tragen auch schwere Lebensphasen dazu bei, Schönheit zu offenbaren. Im Zusammenhang mit den Geburten unserer Kinder wurde mir beispielsweise ein ganz neues Verständnis der Schönheit meines Körpers bewusst. Ich erlebte, wozu ich all die Rundungen besaß. Ich konnte durch sie Babys zur Welt bringen und sie an meiner Brust ernähren. Meine Kinder zu stillen, erlebte ich als ein besonderes Geschenk und eine faszinierende Fähigkeit meines Körpers. Ich war so glücklich, ihre kleinen zufriedenen Gesichter so an meiner Brust zu sehen. Wir spürten uns, waren uns nahe und kamen gemeinsam zur Ruhe. Jeden Morgen, jeden Abend und dazwischen auch immer wieder, stundenlang. Das Stillen zwang mich, innezuhalten, mich hinzusetzen und jedes einzelne Kind ganz bewusst wahrzunehmen. Ich lernte dabei viel über die Bedürfnisse meiner Kinder, studierte ihre kleinen Gesichter, ich schnupperte an ihren Köpfchen und betete für sie. Es war eine wertvolle Zeit meines Lebens, in der ich eine tiefe, reine Schönheit entdeckte, nach der ich mich seit meiner Kindheit gesehnt hatte.

....

Schönheit gehört zu den wenigen Dingen,
die uns nicht an Gott zweifeln lassen.

Jean Anouilh

....

Jetzt habe ich drei wunderbare Töchter, die schnell groß werden. Neulich war ich mit meiner ältesten Tochter Eleanor im Restaurant. Wir unterhielten uns über Schönheit und Anstand. Sie ist ein hübsches, großes Mädchen. Mit ihrem *Aussehen* zieht sie jetzt schon eine Menge Blicke auf sich. Aber ich kenne ihr *Herz* und weiß, welch kostbare Person sie ist. Wir aßen zusammen, lachten, kicherten und machten Selfies. Sie hatte sich einen besonders dicken Hamburger bestellt, mit viel Schinken, Zwiebeln, Soße und ich weiß nicht, was noch allem. Wegen seiner Größe war es schwierig ihn zu essen, aber er war sehr lecker, wie man hinterher an den Soßenspuren überall in ihrem Gesicht sehen konnte. Ich konnte gar nicht mehr aufhören zu lachen und stellte mir vor, wie viel Spaß die Jungs später haben würden, wenn sie mit ihr essen gehen würden. Lachend erzählte ich ihr, dass sich die jungen Mädchen in meiner Zeit immer geziert hätten, wenn es um so ein mächtiges Essen ging. Das schien ihr seltsam. „Aber Mama, man geht doch zusammen aus, weil man etwas ganz besonders Leckeres essen will, oder etwa nicht?" Das liebe ich so an ihr. So ist mein Mädchen, sie ist unkompliziert und echt. Ich glaube, sie wird auch später, mit ihrem Freund, genüsslich in einen überdimensionalen Hamburger beißen, herzlich lachen und alles tun, was ihr Freude macht. Sie wird ehrlich und aufrichtig sein und das Leben genießen.

Später an dem Abend sprach ich mit ihr auch über die Verantwortung, die wir als Frauen den Männern gegenüber haben. Im Laufe der Jahre hat sich mein Männerbild sehr verändert. Inzwischen sehe ich Männer als Geschöpfe, die Gott mit einer besonderen Empfindsamkeit für alles, was sich ihren Augen bietet, ausgestattet hat. Ich erklärte meiner Tochter, was ich über den Unterschied von Männern und Frauen wusste und sprach ganz offen über die Reaktionen, die wir mit entsprechend femininer Kleidung auslösen können.

Anschließend sprachen wir darüber, dass Gott sie schön gemacht hatte und dass dies ein Geschenk war. Ganz offen erzählte ich ihr, wie sehr ich den Anblick ihres hübschen Gesichtes genoss, wie ich mich aber nicht weniger an ihrem angenehmen Charakter und ihrer Persönlichkeit freute. Sie hörte mir aufmerksam zu, dann sagte sie: „Mama, wenn mir jemand sagt, dass ich schön bin, dann solltest du das eigentlich hören. Denn wegen dir bin ich schön. Ich bin so schön, wie du mich gemacht hast." Überrascht und überwältigt ließ ich ihre Worte auf mich wirken. Sie machten mich sehr dankbar. Meine Tochter durfte unter ganz anderen Bedingungen aufwachsen als ich. Meine Tochter sah meine Schönheit und verstand ihre eigene Schönheit als Abbild von mir.

Dieser Satz meiner Tochter wurde für mich zu einem Schlüsselerlebnis. Er half mir, meine eigenen Ängste zu entlarven und endlich zu verstehen, dass ich die ganze Zeit gegen den Gott angekämpft hatte, der mich so geschaffen hatte, wie ich war. Und während ich beobachtete, wie meine drei Töchter Eleanor Grace, Harper Joy und Story Jane heranwuchsen, löste Gott weitere Knoten meiner Vergangenheit. Die Kinder haben miterlebt, wie Schwangerschaften und Entbindungen mein Aussehen veränderten, mich weich und rund werden ließen. Und dann lernten sie eine weitere, tiefere Ebene der körperlichen Schönheit kennen, während die Krebserkrankung und die Therapien ihre Spuren hinterließen und mir ein neues Aussehen, aber auch eine neue Tiefe und Klarheit verliehen. In ihren Augen war ich immer schön, was mir sehr half, mich selbst anzunehmen.

Alle Gedanken, die ich mir mein Leben lang über Schönheit gemacht hatte, wurden durch die Krankheit noch einmal neu auf den Prüfstand gestellt. Ich dachte, es würde mir nichts ausmachen, meine Haare zu verlieren, denn auch als Erwachsene hatte ich immer noch das Wesen des Wildfangs, der ich in meiner Kindheit war. Meine Haare hatten mir noch nie viel bedeutet. Oft ging ich morgens sogar ungekämmt aus dem Haus. Ich war mir ziemlich sicher, dass es mich nicht stören würde, meine Haare zu verlieren. Meine Identität war längst nicht mehr mit meinem Aussehen verknüpft, dachte ich. Ich war mir sicher, ein neuer Mensch geworden zu sein. Schließlich hatte ich über diesen Bibelvers viel nachgedacht und gebetet. Doch ich hatte mich getäuscht. Oder ich war einfach ziemlich naiv gewesen. Als die Chemotherapie begann, hatte ich keine Ahnung, wie sehr mich meine Glatze treffen würde. Ich wusste nicht, wie ich diese Situation akzeptieren konnte. Ich hasste sie und zugleich musste ich mit ihr leben.

Kahl. Schon das Wort an sich ist schmucklos. Vier kalte Buchstaben, die man in unterschiedlichen Zusammenhängen verwenden kann. Männer werden zu ihrem Leidwesen manchmal kahl, auch winterliche Bäume wirken so. Es gibt den Kahlschlag ganzer Landstriche, es gibt kahle Felsen und kahle Felder und kahl geschorene Schafe. Doch nun war mein Spiegelbild kahl geworden, am sechzehnten Tag der Chemotherapie.

Es war Anfang September. Mit Story Jane, meiner Jüngsten, war ich aufs Feld gelaufen. Büschelweise hatten wir meine blonden Haare aus der Kopfhaut gezogen und im Herbstwind fliegen lassen. Am gleichen Tag kam meine Schwester aus einem anderen Teil Amerikas eingeflogen, um uns eine Zeit lang zu unterstützen. Und abends besuchte mich meine Freundin. Wir gingen ins Bad, sie hatte einen Rasierer dabei. Danach trug ich eine Glatze.

Was für ein Anblick: tief liegende, dunkle Augen, ohne jeden Glanz, mitten in einem kahlen Schädel. Ich war verzweifelt. Meine Not war auf einmal für jeden sichtbar. Es gab kein Verstecken mehr und kein Vortäuschen von Kraft. Meine Schwachheit war sichtbar geworden und ich litt. Ich fühlte mich wehrlos, ohne Schmuck, meiner Schönheit beraubt, abgemagert, knochig und kantig. Es wäre besser gewesen, ich hätte geweint, geschluchzt, mein Leid laut hinausgeschrien. Aber ich war ganz ruhig. Patienten, die eine Chemo bekommen, sagen oft nicht viel, sie leiden still. Schweigend versuchen sie, eine schwere Situation nach der anderen zu meistern. Ich war bis dahin immer eine lebhafte, gesprächige Person gewesen, doch jetzt wurde ich still – meinen Kindern gegenüber, meinen Freunden gegenüber, selbst mit meinem geliebten Mann schwieg ich mehr, als ich redete. Die Atmosphäre war erfüllt von körperlichen und seelischen Schmerzen. Leid lag spürbar in der Luft und Schweigen war an die Stelle des fröhlichen Geplappers von einst getreten.

Ich hatte lange, dicke, blonde Haare gehabt, wunderschöne Haare. Leider war mir das nie bewusst gewesen, bis ich sie abrasieren lassen musste. An einem einzigen Tag verwandelte ich mich von einem Blondschopf in einen Kahlkopf, und das sollte nun für immer so bleiben. Die Chemo hatte mich zu einem anderen Menschen gemacht. Jedes Mal, wenn ich mein Spiegelbild sah, erschrak ich. Dort starrte eine Fremde mich an. Meine Hüftknochen, die jahrelang weich gepolstert gewesen waren, ragten nun spitz hervor. Die weiche, kuschelige Mama, an die sich die Kinder immer so gerne angeschmiegt hatten, war eine knochige, kantige Kranke geworden. Aber sie hörten nicht auf, mich zu umarmen. Ich war immer noch ihre Mama, unabhängig von meiner äußeren Erscheinung. Mein Innerstes war ihnen vertraut, da hatte sich für sie wenig geändert. Ihre Mama war da – wie immer. Gott sei Dank, dass die Kinder so mit mir umgehen konnten. Ich selbst gewöhnte mir an, nicht mehr in den Spiegel zu schauen. Dieser kahle Kopf, diese dunklen Augen, die blasse Haut, die sich über die Gesichtsknochen spannte – schrecklich. Irgendwann hörte ich eine junge Frau sagen, ihr würde es nichts ausmachen, wenn sie ihre Haare verlieren würde. Ich stöhnte innerlich und schwieg. Hoffentlich würde sie nie in meine Situation kommen, dachte ich, würde nie den Schmerz spüren, den ich über mein Äußeres jetzt empfand. Ich trug es ihr nicht nach, sie wusste es nicht besser. Aber ich betete für sie, leise, dass sie am Ende ihrer Tage nicht um diese Gnade flehen müsste, um die ich Gott jetzt immer bat – die Gnade, das von Medikamenten und Krankheit entstellte Spiegelbild auszuhalten. Ich wünsche niemandem, dass er in diese Dunkelheit hinab muss, die ich da empfand. Doch ausgerechnet dort begegnete mir dann die Liebe. Unbeschreiblich große Liebe.

Als ich keine Haare mehr hatte, wusste jeder sofort, wie es um mich stand. Selbst diejenigen, denen ich es nicht erzählt hätte. Vor der Krankheit war ich eine sehr aufgeschlossene Frau. Ich sah den Leuten gerne in die Augen, freute mich über jede Gelegenheit, neue Leute kennenzulernen, ihnen freundlich zu begegnen und ihnen von mir zu erzählen. Doch jetzt, ohne Haare, war das ganz anders. Leute, deren Blicke mich streiften, sahen schnell weg, wollten nicht gaffen, nicht aufdringlich sein. Jason machte mich irgendwann darauf aufmerksam, dass ich neuerdings den Blick gesenkt hielt, wenn ich in der Öffentlichkeit war. Er fragte nach dem Grund und ich dachte nach. Es lag daran, so erklärte ich ihm, dass ich den Leuten die Verlegenheit ersparen wollte, die ich in ihren Gesichtern erkannte, wenn sie mich im Vorbeigehen betrachteten. Ohne Haare fühlte ich mich richtig hässlich. Ich geriet in eine Einsamkeit, die ich so bisher nicht gekannt hatte. Wie gerne hätte ich die Stimme eines Vaters gehört, der mir versichert hätte, dass ich liebenswürdig war, egal wie krank ich war. Eines Tages hörte ich genau das, doch ganz anders als gedacht.

Menschen, die uns am nächsten stehen, können uns am meisten verletzen, aber auch am tiefsten berühren. Meine Kinder küssten mich, mitten auf meine Glatze. Eleanor, meine Große, ermutigte mich, ohne Perücke in die Öffentlichkeit zu gehen. Und Jason begehrte mich immer noch, fand mich attraktiv und zeigte mir seine Liebe auf vielfältige Weise. Ich erlebte die Liebe meiner Familie mitten im tiefsten Tal, voller Staunen und ganz unerwartet. So fing ich an, meine eigene Schönheit wiederzuentdecken, obwohl ich ganz entstellt war. Als ich kahl und nur noch Haut und Knochen war, mitten in tiefster Verzweiflung, wuchs in mir ein neues Selbstbewusstsein und eine noch nie gekannte Sicherheit. Und genau da hörte ich die Stimme meines himmlischen Vaters, der mir seine Annahme versicherte, während er mich durch dieses Leid gehen ließ. Obwohl mein Körper verfiel, nahm meine Schönheit zu. Weder hätte ich gedacht, dass der Verlust meiner Haare mich so erschüttern würde, noch dass ich gerade jetzt als schön wahrgenommen werden könnte. Doch es stimmte. Ich war schön.

Meine gute Freundin Mickey beschloss, zu uns zu kommen und meine Familie und mich zu unterstützen. Sie blieb etliche Wochen bei uns, gerade in der besonders schweren Zeit der Chemotherapie. Nach jeder weiteren Dosis ging es mir schlechter, ich wurde immer schwächer und mir ging es einfach nur elend. Ich sank in Tiefen, von denen ich nie geahnt hatte, dass es sie geben könnte. Doch Mickey kam, pflegte und versorgte mich. Sie gab mir Schutz und Halt und war für die Familie da. Mit ihrer sanften Liebe umgab sie uns, als meine Kraft am Ende war. Ihre freundliche, fröhliche Art tat den Kindern gut.

Ich kann mich noch genau erinnern, wie sie mich begleitete, als ich zum ersten Mal ohne Haare nach draußen ging. Wir gingen einkaufen und essen. Mickey ist noch redseliger, als ich es früher war. Plaudernd gingen wir in das Kaufhaus und plaudernd kamen wir wieder heraus. Ich vergaß, auf die Blicke der Menschen zu achten und war einfach nur froh, keine ungemütliche Perücke zu tragen und nicht unter irgendwelchen Tüchern schwitzen zu müssen. Ich empfand eine neue Freiheit. Als ich dann beim Essen ein Haar in meinem Hamburger entdeckte, sah Mickey mich lachend an: „Na, von dir ist das auf jeden Fall nicht!" Wir lachten und lachten, seit Monaten hatte ich nicht mehr so gelacht. Die Zeit mit ihr war genau, was ich brauchte. Ihr Kommentar in diesem Burgerrestaurant und ihr wunderbares Dasein für uns alle in jener Zeit war unendlich kostbar.

Es ist so einfach als erwachsener Menschen zu glauben, die Verletzungen der Kindheit wären geheilt, gerade als reifer Christ – doch dann kommt eine Zeit des Leidens und alles fängt von vorne an. Plötzlich wird einem deutlich, wie viele Lügen sich doch noch im Denken gehalten haben. So musste ich feststellen, dass ich doch noch nicht frei war von dem Streben, aufgrund meines Aussehens geliebt zu werden. Es fiel mir schwer, an Gottes Güte zu glauben, während mein Leid zunahm. Doch Gott ging mit mir durchs Tal der Todesschatten und zeigte mir, was wahre Schönheit wirklich bedeutet. Er zeigte mir auch, wie wahre Liebe ist. Er ließ eine Schönheit in mir heranreifen, die ohne die schweren Zeiten nicht erblüht wäre. Ich hätte mir früher nie vorstellen können, dass Jason jemals eine kahle, abgemagerte Frau ohne Brüste mit tief liegenden Augen lieben könnte. Doch er sah mich an und er liebte mich. Es war unfassbar und demütigend zugleich.

....
Leiden bringt Schönheit hervor.
Kara Tippetts
....

Mir waren beide Brüste entfernt worden und danach hatte die Chemotherapie angefangen. Doch ich hoffte von ganzem Herzen, dass ich anschließend wieder gesund sein würde. Zunächst sah es auch so aus. Aber leider kam es anders. Im Lymphsystem entdeckte man nach der Behandlung noch Krebszellen. Der Radiologe, der mir das mitteilen musste, sah mich gar nicht an. Sein Blick, während er mir Statistiken präsentierte, ging durch mich durch. Er wies zwar darauf hin, dass er über die Fakten sprach. Ich aber ließ ihn wissen, dass ich jetzt etwas Mitgefühl bräuchte. Als ich kurz davor war, sein Zimmer zu verlassen, hörte er endlich auf, mir meine voraussichtlichen Überlebenschancen vorzurechnen. Ich entschuldigte mich und versuchte, ihm zu erklären, wie sehr ich alles hasste, was ich der Behandlung zu verdanken hatte. Die Chemo hatte Narben hinterlassen, ebenso die Brustentfernung und das spätere Einbringen der Brustimplantate. Doch nun sollte es unerbittlich weitergehen? Er bejahte meine Frage und erklärte, es würde nun eine Strahlentherapie nötig sein, um meine Tage zu verlängern. Zu Hause weinte ich. Alles, was bis jetzt an mir geschehen war, hatte schon so wehgetan. Ich wollte keine Schmerzen mehr. Ich hatte keine Kraft mehr. Ich hatte die Ärzte leid. Ich hatte das Gefühl, sie sahen nicht mich, meine Person, sondern immer nur den Fall, die Werte, die Risiken und Prognosen.

Trotzdem willigte ich ein. Vierzigmal sollte mein Oberkörper bestrahlt werden. Im Vergleich dazu war die Zeit mit der Chemo noch angenehm. Alle meine Freundinnen waren damals an mein Bett gekommen, um sich um mich zu kümmern. Doch jetzt musste ich alleine in diese Therapie. Zwar kam Morgen für Morgen unser lieber Pastor Carl Nelson, nahm sich Zeit und betete für mich, doch anschließend machte ich mich alleine auf den Weg. Als hätte mein gebrechlicher Körper nicht schon genug geleistet, schleppte er sich jetzt Tag für Tag zur Radiologie.

Die Einsamkeit in der Strahlenabteilung veränderte mich. Nahm ich zunächst noch gerne das Handtuch an, in das ich mich hüllen konnte, wenn ich nackt war, so gab ich das schon bald auf. Die Mitarbeiter, Helferinnen und Ärzte kannten mich, meinen Körper, die Narben und Wunden, die empfindlichen Stellen und alles, was durch die Strahlen verbrannt worden war. Sie waren so freundlich, dass ich meine Scham und Scheu überwand. Sie waren die einzigen Menschen außer Jason, denen ich mich oben ohne zeigen konnte. Ihnen war der Anblick magerer

Barbie-Frauen ohne Brüste vertraut. Sie sahen mich, ließen sich meine Geschichte erzählen und nahmen mich als Mensch wahr. Ihnen begegnete ich als neue Person, vollkommen schwach und doch so schön.

Als die Behandlung begann, zeichneten sie schwarze Linien als Markierungen auf meine Haut und positionierten meinen Körper auf den Millimeter genau. Anschließend liefen sie alle auseinander, wie Käfer, wenn man das Licht anmacht. Sie gingen aus dem Raum und überließen mich schmerzlicher Einsamkeit. Während die Chemotherapie mich zahllose Tage gekrümmt vor Schmerzen auf den Knien verbringen ließ, führte mich die Strahlentherapie in eine andere Position, die genauso wehtat. Ausgestreckt auf dem kalten Tisch hielt ich still, während die Maschine ihre Arbeit verrichtete. Die Strahlen sollten die Krebszellen zerstören, die wieder so schnell in mir gewachsen waren. Im Verlauf von zwei Monaten wurde ich vierzig Mal bestrahlt. Was von mir zurückblieb war verstrahlt, verändert, im Inneren verletzt. Doch das alles würde dazu dienen, mich erneut vom Krebs zu befreien.

Als der letzte Bestrahlungstermin vorbei war, machten wir eine Feier in meinem liebsten französischen Bistro. Alle Freundinnen kamen, die Verwandten flogen ein, Kollegen schauten vorbei. Wir weinten, lachten, feierten das Ende der Bestrahlung. Unzählige Fotos wurden gemacht. Es war ein großes Fest, weil wir alle damals davon ausgingen, das vermeintliche Ende meiner Behandlung wäre erreicht. Dann packten wir die Koffer. Es war Zeit, eine Reise zu machen. Wir wollten Zeit füreinander haben und versuchen, zu vergessen, was hinter uns lag.

Wir buchten Ausritte für die ganze Familie, planten schöne Mahlzeiten, wählten Reiserouten aus. Ein paar Tage würden wir im Haus von Freunden in den Bergen verbringen, dann auf einem Bauernhof bleiben und zuletzt hätten wir einen Campingbus. Wir wollten weg, mussten raus, selbst wenn es nur für ein paar Tage war. Danach wäre sicher all das Schwere verblasst, dachten wir, und wir hätten als Familie neue Kraft für den nächsten Wegabschnitt. Ein schweres Jahr lag hinter uns, doch es war vorbei. Weniger als fünf Prozent sei die Wahrscheinlichkeit, dass der Krebs zurückkommen würde, hatten die Ärzte uns versichert. Wir glaubten ihnen und klammerten uns an ihre Aussage. Es war unsere gute Nachricht, die wir verkündigten. Das Schlimmste lag hinter uns. Zeiten, die schwerer waren als alles, was ich mir bis dahin hätte vorstellen können. Nie wieder wollte ich so etwas durchstehen müssen, nie wieder die Qual der Chemo ertragen und mich von Strahlen verbrennen lassen. Zwar gab es noch ein paar medizinische Dinge zu erledigen, aber das eilte nicht. Wir wollten aufatmen, leben, zusammen sein, frei von Arztterminen und Schmerzen, die das ganze letzte Jahr überschattet hatten.

Nur ein kleiner Eingriff war noch nötig, aber den würde ich nach dem Urlaub machen lassen. Jetzt waren wir im Urlaub. Wir feierten, vergaßen, hatten innige Familienzeit, meine Haare wuchsen und mit ihnen kam mein Leben, meine Energie zurück. Die Angst vor einem erneuten Ausbruch der Krankheit war gering. Ich wollte wieder aktiv sein. Meine andauernde Schwäche hatte ich satt, ich wollte wieder energiegeladen, stark und lebendig sein.

Aber ich bestimme nicht den Weg, den mein Leben mich führt.

*„Ich wünschte, es wäre nicht zu meiner Zeit passiert",
sagte Frodo. „So geht's mir auch", erwiderte Gandalf,
„alle, die in solchen Zeiten leben, denken so. Aber
darüber haben wir keine Macht. Wir können nur das
Beste machen aus der Zeit, die uns gegeben wird."*
J. R. R. Tolkien

Ruhig sitze ich auf dem Bett meiner Großen, Eleanor Grace. Ich habe gelernt, ihr Zeit zu lassen, bis sie reden will. Es fällt mir nicht leicht. Sie hält mich hin. Das Warten tut weh. Tränen warten darauf, fließen zu dürfen, doch sie hält sie zurück. Ich sehe die Spannung, wie sie sich aufbaut in ihr. Ich bin so unsicher. Wie geht man mit einem so ruhigen, in sich gekehrten Kind richtig um? Sie braucht Raum und Zeit, aber auch meinen sanften Druck. Es braucht viel Feingefühl, da den Mittelweg zu finden. Sie trägt eine Last, die ich nie hatte. Auf ihr lastet die schwere Not unserer Familie, sie stellt sich darunter, trägt mit, übt Verantwortung aus. Schweigend, ohne zu klagen, tut sie das, schenkt mir ihre Kraft und leidet allein. Doch dann ist meine Geduld erschöpft. Ich warte nicht länger, stelle meine Fragen und sofort bricht ihre Not auf, die direkt unter ihrer Oberfläche schwelte. Sie gesteht mir, dass sie in ständiger Angst lebe, mich zu verlieren. Es gäbe kaum einen Moment, der nicht von dieser Angst verdunkelt sei. Ich halte einen Moment lang inne. Anschließend brechen unsere Gefühle sich Bahn. Wir öffnen einander unsere Herzen und reden über all die Lasten, die uns beschweren.

Selbst unter normalen Umständen ist es schon nicht leicht, ein Teenager zu sein. Mein großes Mädchen ist von ihrem Typ her sanftmütig und voller Liebe. Zusätzlich zu ihrer eigenen Veränderung hat sie auch noch mich vor Augen. Viel mehr als ihre

Geschwister ahnt sie, dass der Ausgang meiner Geschichte ungewiss ist. Wenn wir Erwachsenen uns unterhalten, hört sie angespannt zu. Schaut sie mich an, sind ihre Augen oft ängstlich geweitet. Gleichzeitig wird sie immer stiller. Immer wieder dränge ich sie, will wissen, wie es ihr geht, was sie bewegt, setze sie damit unter Druck und mache es ihr schwer. Doch wenn man das Gefühl hat, die Zeit wird knapp, dann tut man das.

Eines Abends, als ich wieder an ihrem Bett sitze, sind wir plötzlich an dem Punkt, wo nichts mehr geht. Hübsch ist das nicht, aber schön. Ihre Angst vor der Zukunft ohne Mama prallt auf meine eigene Angst um die Kinder ohne mich. Das alles wird ihr Leben prägen. Wir weinen zusammen. Ich finde keine passenden Worte und sage ihr das. Dann spreche ich über die Hoffnung auf Gottes Gnade, und dass ich überzeugt bin, dass diese Gnade sie beschenken wird. Auch wenn wir beide noch nicht wissen wie. Gleichzeitig sage ich ihr aber auch offen, wie sehr ich damit ringe, Gutes in unserer Geschichte zu sehen, die alles andere als gut aussieht.

In so jungen Jahren sollte ein Teenager nicht so viel harte Realität ertragen müssen. Doch was soll ich tun? Wie kann ich sie vor dem Schmerz schützen? Sie erzählt mir darüber, wie sie die Last auch für ihre Geschwister trägt. Der Gedanke an den Morgen, an dem Story Jane erwachen wird und Mama nicht mehr da sein wird, macht ihr große Angst. Während sie selbst viele Jahre und viele Gespräche mit mir hatte, wird der Jüngsten nur eine vage Erinnerung von mir bleiben. Und dann fängt Eleanor an zu weinen, weil ihre kleine Schwester mich nicht so gut kennenlernen wird, wie sie selbst mich kennt. Ihr liebes Herz fängt an zu zerbrechen unter dieser Vorstellung – dass eine andere Person diesen bitteren Schmerz empfinden muss. Und in dem Moment zeigte sich eine Tiefe von Schönheit und Liebe in meiner Großen, die ich bis dahin noch nicht gekannt hatte.

Wie kann ich sie vor dieser Angst schützen? Ich weiß es nicht. Es ist doch auch meine eigene Angst. Ich bin so von ihr gelähmt, dass ich kaum handlungsfähig bin. Ich funktioniere nur irgendwie. Beten Menschen für mich, dann bitten sie um Frieden und Glauben, aber ich selbst bin zu schwach dafür. Ich bin weder ausgeglichen noch stabil, viel zu ausgelaugt. Ein negatives Untersuchungsergebnis folgt nach dem anderen, zuerst ist der Krebs im Körper, dann auch im Gehirn. Ich schmachte in der Angst wie in einem Gefängnis. Doch es ist nicht die Angst vor dem Sterben, die mich umtreibt, eher die Angst vor dem Moment, wenn die Ärzte sagen, dass sie nichts mehr für mich tun können. Wenn alles ausgeschöpft ist, zu dem die Ärzte mir raten können. Letztlich ist das Schwerste und Schmerzlichste an der Krankheit, dass ich mich ständig nur um mich selbst drehe – meine Schwäche, meine Schmerzen und all die niederschmetternden Folgen. Ich bin meine Geschichte so leid. Wenn ich doch bloß mir selbst entrinnen könnte!

Neulich sagte Jason in einer Predigt: „Wir hätten gerne, dass das Leiden sich so verhält wie eine Schwangerschaft. Eine Zeit lang ertragen wir es, dann ist es vorbei und am Ende steht wie eine aufgeräumte Moral etwas Gutes da, für das sich all das Leiden gelohnt hat." Doch mein Eindruck ist, Glauben ist etwas ganz anderes. Angenommen, das Leiden hört nicht auf? Was ist, wenn es nie besser werden wird und alle Entwicklungen immer nur niederschmetternd bleiben? Ist Gott auch dann noch ein guter Gott? Wie verändert sich unsere Geschichte, Gott zu lieben, wenn sie mitten im Leben mit dem Tod endet? Und wie gelingt es ganz im Hier und Jetzt zu leben, während man spürt, dass die eigenen Tage gezählt sind? Wenn die Zeit zwischen den Fingern zerrinnt? Kann man dann überhaupt zu einer Normalität zurückfinden, wenn eine schlechte Nachricht die andere jagt? Ist es möglich, Hoffnung zu bewahren, ohne die tatsächlichen Umstände auszublenden? Und wie können wir unsere Angehörigen in unsere Geschichte einbinden und zielorientiert weiterleben, während alles nach salzigen Tränen schmeckt? Können wir unsere Kinder Anteil haben lassen an dem, was uns bewegt, und sie doch vor allem Belastenden schützen?

Eine Glatze kann einem helfen, zu solch einer Schönheit geführt zu werden. Aber hübsch wird das niemals sein.

∼

- Was verstehen Sie unter Schönheit? Wie oder wo entsteht sie? Hilft es Ihnen, schön zu sein?

- Wie vermitteln Sie Ihren Kindern den Wert und die Eigenschaften von wahrer Schönheit, gerade in einer Gesellschaft, die so viel Wert auf Äußeres legt?

- Gibt es Situationen, in denen Sie den Blick senken, um manchen Menschen nicht in die Augen sehen zu müssen? Weichen Sie auch Gottes Blicken manchmal aus? Woher kommt diese Scham? Ist Ihnen Gott schon einmal in diesen Zusammenhängen begegnet? Oder hat er versucht, Sie dort zu erreichen?

- Welche Erlebnisse haben Narben auf Ihrer Seele hinterlassen? Wie würden Sie diese Wunden und Narben beschreiben? Und mit welchen Worten würde Gott das wohl tun?

- Auf welche Weise haben Sie versucht, vor dem Leid, den Schmerzen und allem Schweren wegzulaufen? Ist Ihnen das gelungen? Was könnte es bedeuten, das Leid als einen Teil der eigenen Lebensgeschichte anzunehmen, die letztendlich auch Schönheit bewirken kann?

Kapitel 5

Land der Schatten

„… alles auf der Welt hat seine Zeit: …
Steinewerfen und Steinesammeln,
Umarmen und Loslassen …"
Prediger 3,1+3

W as war das für ein Sonntag! Eigentlich hätten wir nach jemandem suchen sollen, der für Jason die Predigt übernehmen würde. Aber Jason fühlte sich innerlich gut vorbereitet, also gingen wir ganz normal zum Gottesdienst. Wie jeden Sonntag fand er in der Cafeteria einer Schule statt. Letzte Woche hatten wir den Lobpreis überwältigt verlassen. Doch jetzt war für uns beide alles anders, nachdem wir in der Woche eine bedrückende Nachricht erhalten hatten. Dabei waren wir uns so sicher gewesen, dass die Ergebnisse gut sein würden. Wir hatten fest mit einer CT-Aufnahme gerechnet, die keine Unregelmäßigkeiten zeigen würde. Der anrufende Arzt würde bestimmt eine frohe, unbeschwerte Stimme haben, dachten wir.

Doch dann fiel das Wort: „Auffälligkeiten." Und weiter: „Wir haben einige davon gefunden." Damit saß ich jetzt in der Gemeinde und hörte der Predigt meines geliebten Mannes zu. Und er predigte zu einer Gemeinde, in der seine Frau saß, mit einem Körper, der wieder voller Krebs war.

Jason würde heute über eine Stelle aus dem Markusevangelium sprechen, wo es darum ging, dass es im Himmel keine Ehe geben wird. Seit ich krank war, hatten wir oft über diese Stelle geredet. Wir taten uns sehr schwer mit ihr. Wohl kaum ein Ehepaar mag so recht über diese Aussage Jesu nachdenken. Natürlich erscheint uns der Himmel schöner, wenn man dort auch als Ehepaar zusammenleben kann. Viele stellen sich auch vor, als Engel im Himmel weiterzuleben, vielleicht noch mit weißen Flügeln und auf einer Wolke, von der aus sie manche Geschicke der Erde lenken werden. Nein, ich werde im Himmel kein Engel sein und ich möchte auch sehr darum bitten, dass das später, nach meinem Tod, niemand über mich sagen wird. Trotzdem mussten Jason und ich uns damit auseinandersetzen, dass unsere Ehe mit meinem Ableben enden würde. Es fiel uns schwer, aber auch diese Tatsache wollten wir in der Erwartung annehmen, dass sie eine Schönheit enthalten würde, weil sie aus Gottes Weisheit entsprang. Nur im Moment war es einfach eine harte, schmerzliche Wahrheit.

Vor der Predigt saß ich niedergeschlagen auf meinem Platz, mein Kopf ruhte an Jasons Schulter. Die Gemeinde sang und uns liefen die Tränen übers Gesicht. Es brach uns das Herz, den Tatsachen ins Auge blicken zu müssen. Sein Arm umschloss meine Schultern, während seine Tränen auf meinen Kopf tropften. Die Sänger und Musiker auf der Bühne kämpften sich durch die Anbetungszeit, immer wieder schielten sie unsicher zu uns herüber. In der ersten Reihe saßen der Pastor und seine Frau, unfähig zu singen, weinend und völlig am Boden zerstört. Sicher fragten sie sich, ob Jason so überhaupt predigen könnte, oder ob sie spontan einen Anbetungs- und Gebetsgottesdienst halten sollten?

Jason hatte sich vor längerer Zeit vorgenommen, Vers für Vers über Bibeltexte zu predigen. Entsprechend war es nicht seine eigene Entscheidung gewesen, in dieser Woche darüber zu sprechen, dass wir im Himmel nicht verheiratet sein würden. Der Text war für diesen Sonntag einfach an der Reihe – nach einem Plan, den Jason nicht gemacht hatte. Gott hatte einfach diese Botschaft an diesem Sonntag für die Gemeinde und für uns vorgesehen. Ein sehr guter Freund von uns hatte uns einmal gesagt, dass ihm diese Bibelstelle großes Unbehagen bereitete, mehr als alle anderen der Bibel. Auch er saß heute in der Gemeinde und hörte Jason zu, als dieser den Text las, dessen Bedeutung er heute herausarbeiten wollte.

Später kamen einige Sadduzäer zu Jesus. Diese Leute behaupten, es gebe keine Auferstehung der Toten. Sie fragten ihn: „Lehrer, Mose hat uns im Gesetz gesagt: ‚Wenn ein verheirateter Mann stirbt und seine Frau ohne Kinder hinterlässt, muss sein Bruder die Witwe heiraten. Der erste ihrer Söhne soll als Sohn des Verstorbenen gelten.‘ Nun gab es da sieben Brüder. Der erste heiratete und starb ohne Nachkommen. Da heiratete der zweite Bruder die Witwe. Auch er starb kinderlos, und der nächste Bruder nahm sie zur Frau. So ging es weiter, bis die Frau mit allen sieben verheiratet gewesen war, ohne dass sie Kinder bekommen hätte. Schließlich starb auch die Frau. Wessen Frau wird sie nun nach der Auferstehung sein? Schließlich waren ja alle sieben Brüder mit ihr verheiratet.“ Jesus antwortete: „Ihr irrt euch, denn ihr kennt weder die Heilige Schrift noch die Macht Gottes. Wenn die Toten auferstehen, werden sie nicht wie hier auf der Erde verheiratet sein, sondern wie die Engel im Himmel leben. Was nun die Auferstehung der Toten überhaupt betrifft: Habt ihr nicht im Buch des Mose gelesen, wie Gott am brennenden Dornbusch zu ihm sagte: ‚Ich bin der Gott Abrahams, Isaaks und Jakobs‘? Er ist doch nicht ein Gott der Toten, sondern der Lebenden. Ihr seid völlig im Irrtum!“

Markus 12,18–27

Was Jason an diesem Tag demütig predigte, würde so schnell niemand vergessen. Gott hatte es so gefügt, dass er über diesen Text sprach, während er der Tatsache ins Auge blicken musste, dass der Krebs bei seiner Frau weitergemacht hatte. Angesichts dieser schweren Situation bekamen seine Worte großes Gewicht.

Die Wahrheit wurde dadurch deutlicher und die Gnade, die Gott uns auch in diesem Zusammenhang entgegenbrachte, wurde greifbarer. Und während er da so vor uns stand, ließ er los, was er auf dieser Welt am meisten liebte: *mich.* Aufrecht stand er da und sprach über Gottes Güte, mit der er uns Menschen mit dem Stand der Ehe beschenkt. Denn durch die Ehe macht Gott für uns einen Bereich des zukünftigen Lebens anschaulich, den wir sonst nicht verstehen würden. Gott gibt uns nämlich mit der Ehe einen kleinen Vorgeschmack auf das große Festmahl, das im Himmel auf uns wartet. Seine Stimme zitterte, als er sagte: „Wir ringen oft mit den *Schattenseiten* unserer Geschichte, statt uns über das *Licht* zu freuen, das sie enthält. Doch der Schatten erregt mehr unsere Aufmerksamkeit." Die ganze Zeit achtete er darauf, nicht in meine Richtung zu sehen.

Die Ehe, wie wir sie auf Erden führen, veranschaulicht nur, wie wir einmal mit Jesus im Himmel verbunden sein werden. Sie ist eine Erinnerung, ein Abglanz, ein Bild dessen, was kommen wird. Man kann etwas davon in Paaren erkennen, die mit Jesus ihre Ehe gestalten. Denn bestimmen Gottes Liebe, Gnade und Güte ihr Miteinander, dann wird jeder, der mit diesem Ehepaar Kontakt hat, gesegnet, beschenkt und bereichert. Die Ehe schenkt uns einen Raum der Freiheit, um Gottes Güte, Gnade, Vergebung und Barmherzigkeit kennenzulernen. Sie weist auf die absolute Güte, Gnade sowie Vergebung und Barmherzigkeit Gottes hin, die uns in der Ewigkeit erwarten werden. Mit ihr haben wir ein perfektes Beispiel dafür auf Erden, was sich aber erst im Himmel vollkommen entfalten wird.

Oft aber vergessen wir, dass unsere Ehe nur ein Beispiel für das Zukünftige ist, und wir klammern uns aneinander, als gäbe es nichts anderes. Jason war zweiundvierzig Jahre alt, als er den

Abglanz unserer sechzehnjährigen Ehe innerlich loslassen musste, um sich dem wahren Bild zu öffnen, in das seine Beziehung mit Jesus ihn führen würde. Er bekannte vor uns allen, wie gerne er an dem Vorgeschmack festhalten würde. Er wollte den Schatten, das Abbild des Kommenden behalten, statt sich dem zu öffnen, was Gott für ihn hatte. Seine Tränen liefen ihm über die Wangen, während er sprach. Er war vollkommen ehrlich. Offen sprach er über seine inneren Kämpfe und bat um Gebet.

Jasons Worte ließen Gottes Gnade in schweren Zeiten sichtbar werden. Sie waren eine ehrliche Auseinandersetzung mit den göttlichen Wahrheiten, denen wir manchmal lieber ausweichen würden. Sicher hätten manch andere Pastoren an seiner Stelle diese Bibelstelle übersprungen, angesichts der persönlich schwierigen Situation. Jason aber nahm die Herausforderung an. Er kämpfte damit, sah seiner verzweifelten Angst in die Augen und sprach über die Güte Gottes, der uns die Ehe gab, um uns zu zeigen, was er in Zukunft für uns vorbereitet hält. Tapfer stand er vorne und verschwieg nicht, wie ungewiss der Ausgang meiner Geschichte war. Er entblößte sein Inneres vor uns, klammerte sich fest an sein Pult und bat die Gemeinde inständig um Gebet, damit er alles loslassen könnte, was Gott von ihm erwarte. Anschließend bat er uns, auch in unserem Leben zu prüfen, wo wir uns nur an einen Abglanz klammerten, während Gott uns das Echte versprach.

Jeder im Raum spürte, wie sehr wir Menschen doch im irdischen Leben verhaftet sind. Wir sehen das Kommende oft nicht, weil wir uns so in das Gegenwärtige verbissen haben. Nahezu alle Gottesdienstbesucher hatten nach Jasons Predigt solche Bereiche ihres Lebens vor Augen, die sie über alles liebten und in denen es ihnen so schwerfiel, den Griff zu lockern, die Hände zu öffnen und Gott zu vertrauen, dass er etwas anderes, etwas Besseres, etwas Vollkommenes dafür haben würde. Wir sehnen uns verzweifelt nach mehr Zeit und vergessen dabei, dass das Beste erst noch kommen wird. Letztlich liegt es daran, dass es uns so schwerfällt, uns das vorzustellen, was wir nicht sehen, hören, fühlen, riechen und schmecken können. Doch Jesus weiß um unseren Mangel und reagiert behutsam darauf.

~

Während mein Kampf sich zuspitzte und der Krebs sich in meinem Körper ausbreitete, hatte Gott Jason und mir eine größere Tiefe in der Liebe geschenkt und uns geholfen, das Kommende denken zu können. Liebevoll und sanft hatte er unseren Horizont erweitert und unseren Griff gelockert. Ich sah Gottes Freundlichkeit, während ich um mehr Zeit bat, mehr Liebe, mehr Freude an den Krümeln dieses Lebens, weil ich die zukünftige Welt noch nicht sehen konnte. Mein Sterben macht mir nicht so viel aus, aber ich ertrage den Gedanken nicht, dass meine Familie mir zusehen muss, während ich mich auf meinem Weg in die Ewigkeit vorankämpfe. Ich möchte in ihren Gesichtern nicht sehen, wie mein Leiden sie erschüttert und wie sie voller Angst sind. Sie haben Angst, mich gehen zu lassen, denn sie wissen noch nicht, welche Gnadengaben Gottes auf meinen Abschied folgen werden.

Jasons Blicke sind liebevoll und zärtlich, immer wieder hoffnungsvoll, wenn man mit einem neuen Medikament und einer neuen Therapie versucht, die mir bleibenden Tage zu vermehren. Ich bin einverstanden mit den Pillen, den Hitzewallungen, den Stichen, dem Schmerz und allem Unbehagen. Ich habe mich entschieden, diesen schweren Kampf durchzustehen, um noch ein bisschen in diesem Hier und Jetzt bleiben zu können. Ich hätte gerne mehr Antworten, ich kämpfe gegen meine Schwachheit an und ich bete. Ja, ich flehe um noch ein bisschen mehr Zeit.

Wir wissen, dass der Moment kommen wird, wenn mir die Ärzte keine Angebote mehr machen können, wenn man den Krebs nicht mehr aufhalten kann. Jason und ich haben in den ruhigen Abendstunden bereits viel Zeit damit verbracht, uns auf diesen Moment vorzubereiten. Inzwischen können wir uns darüber unterhalten, während die Tränen uns übers Gesicht laufen. Wir haben gelernt, über den Abschied reden zu können. Lange wollte Jason nicht, dass ich über sein Leben danach reden würde. Er widerstand meinem Bedürfnis, auch darin offen zu sein. Also versuchte ich es mit Humor und machte von dort aus weiter, führte behutsam Worte ein, sprach Wirklichkeiten und Umstände an. Ich gewöhnte ihn daran, die Worte zu gebrauchen, die notwendig waren, um die Zukunft zu planen.

Erst gestern betete ich für die Frau, die vielleicht nach mir kommen wird. Ich betete, dass Gott in seiner Güte eine Frau schicken möge, die Jason und die Kinder von ganzem Herzen lieben könnte. Ich betete für sie, dass Gott ihr die Gnade schenken möge, diesen Platz einzunehmen, an dem so viel Schweres, so viel Trauer wohnte. Und ich segnete sie mit einem weichen Herzen und einer eigenen, starken Art zu lieben. Auch bete ich dafür, dass sie mit Wärme und offenen Herzen aufgenommen werden würde. Möge Gott ihr Geduld schenken, wenn sie sich an den Ecken und Kanten dieses Lebens meiner Familie stoßen wird.

Jason fragte mich neulich, warum ich mit ihm so oft über sein späteres Leben sprechen wollte. Er lässt es inzwischen zu, fühlt sich dabei aber gar nicht wohl. Ich sah ihn lange an und sprach dann davon, wie sich meine Einstellung während meiner ganzen

Krankheitszeit verändert hatte. Als ich zum ersten Mal von der Diagnose erfuhr, geriet ich bei dem Gedanken, Jason könnte eines Tages eine andere Frau lieben, in Panik. Keine andere Frau würde meine Kinder so lieben können, wie ich sie liebte. Was wäre, wenn sie auch eigene Kinder hätte? Natürlich würde sie diese mehr lieben als meine. Was wäre, wenn …?

Doch während die Therapie mich außer Gefecht setzte, hatte ich viel Zeit, Jason zu beobachten. Wie er sich mir zärtlich zuwandte, mitten in meinem Schmerz. Seine Liebe zu mir war nicht von dieser Welt. Immer deutlicher erkannte ich, was für ein wunderbarer Ehemann er war. Er übertraf alle Menschen, die ich kannte. Und dann fing ich an, darüber nachzudenken, ob seine Fähigkeit, seine große Gabe, eine Frau zu lieben, mit mir für immer begraben sein würde. Wie selbstsüchtig wäre das von mir! Gott hatte ihm eine besondere Gabe geschenkt, Ehemann und Vater zu sein, die er sein Leben lang gebrauchen sollte. Warum also sollte ich es ihm irgendwie verwehren, eine andere Frau zu finden, die er eines Tages mit seiner Liebe in einer zweiten Ehe beschenken würde?

Das versuchte ich ihm zu erklären, als er mich fragte, warum ich so oft über sein Leben nach mir sprechen wollte. Auch wenn ich nicht mehr bei ihm sein werde, so werden doch meine Worte noch in seinen Gedanken sein. Er wird sich im Umgang mit den Kindern fragen, wie ich das wohl machen würde. Auch in Belangen für die Gemeinde wird er sich überlegen, welchen Rat ich ihm geben würde. Und gerät er in schwierige Situationen, wird da meine Stimme sein, meine Art, mit Problemen umzugehen. Die vielen, vielen Worte, die ich in all den Jahren mit ihm gewechselt habe, werden in ihm weiterleben. Unsere Gespräche werden weiterbestehen, selbst nach meinem Tod. Ich habe so viel Zeit damit verbracht, mit ihm zu reden, ihm zu erklären, wie meine Sicht vom Leben aussieht. Wenn dann die Zeit naht und er sich fragen wird, ob er noch einmal das Wagnis einer neuen Liebe eingehen soll, dann will ich, dass da bestätigende Worte von mir in seinem Gedächtnis sind. Er soll durch meine Worte freigesetzt sein, neu von der Gnade partnerschaftlicher Hoffnung und Liebe erfüllt zu werden. Ich möchte, dass er dann hört, wie ich einwillige. Seine Erinnerung an unsere Gespräche soll ihm Mut machen, sich neu zu verlieben. Er soll dann meine Stimme hören: *Du warst der beste Ehemann der Welt. Sei jetzt wieder ein Ehemann!* Und ich will auch, dass er dann hört: *Sei besonnen, schau genau hin, sei vorsichtig und warte ab, aber sei offen für die Möglichkeit, wieder zu lieben. Mein Geliebter, mache dich auf! Suche die Liebe, denn die Ehe ist der Ort, an dem wir die schönsten Dinge im Leben finden.*

Natürlich machen mir diese Gedanken an zukünftige Tage ohne mich auch Angst. Eine andere Stimme wird in diesem Haus zu hören sein, sie wird anders lieben, andere Meinungen haben und andere Vorlieben pflegen. Doch ich will offen sein für alles, was diese neue Frau in dieses Haus bringen wird, trotz meiner Befürchtungen. Befallen sie mich, fange ich an zu beten. Ich bete dann im Voraus für das Herz dieser Frau und für die Herzen meiner Kinder. Ich bete, dass sie diese Frau von ganzem Herzen lieben werden, ohne mir gegenüber ein schlechtes Gewissen zu haben. Sie sollen wissen, dass ich ihren Papa für den allerbesten Ehemann halte und dass ich nicht will, dass er alleine bleibt. Es werden schwere Momente für die Kinder kommen, Nöte, von denen ich jetzt noch nichts weiß, und ich bete, dass Gott ihnen dann helfen wird. Es sind leise Gebete, die ich spreche für all diese Tage, die da kommen werden.

Jesus erhört Jasons Gebet, wenn dieser um mehr Zeit für mich bittet. Jesus lässt mich noch am Leben. Aber ich bin mir auch ganz sicher, dass Gottes Gnade Jason wunderbar einhüllen wird, wenn ich meinen letzten Atemzug tun werde. Es wird ein heiliger Augenblick sein und Gottes tröstende Gnade wird dann Jason heimsuchen. Statt Angst und Einsamkeit werden wir beide Gnade und Frieden finden. Natürlich liegt das Ganze noch in der Zukunft und wir wissen nicht genau, was auf uns zukommen wird. Aber ich bin überzeugt davon, dass Gottes Gnade und sein Frieden, der alle menschliche Vernunft übersteigt, da sein werden. Ich habe schon sehr oft und sehr verzweifelt für meine Lieben gebetet, dass Gott ihnen in diesem Moment besonders nahe sein möge. Für diesen Augenblick habe ich gebetet und für die vielen anderen, die ihm folgen werden.

....

Wir wollen uns nicht mit schwachem Glauben zufriedengeben, sondern wie die Apostel darum bitten, dass er vermehrt werde. Selbst wenn unser Glaube sehr schwach ist – solange wir an Jesus glauben, werden wir den Himmel erreichen. Doch dann haben wir mit unserem Leben unserem Herrn keine Ehre gemacht und auch nicht in überfließender Freude und tiefem Frieden gelebt. Wollen wir zu Gottes Ehre leben und im Dienst für ihn glücklich sein, dann müssen wir ihn als Vater immer besser kennenlernen, bis seine vollkommene Liebe uns von jeder Angst befreit.

Charles Spurgeon
....

- Bitte lesen Sie noch einmal die herausfordernde Bibelstelle über die Ehe im Markusevangelium nach!

- An welche Dinge klammern Sie sich, obwohl sie nur ein Abglanz dessen sind, was Gott für Sie bereithält?

- Denken Sie oft an den Himmel? Wenn ja, warum? Wie stellen Sie ihn sich vor? Oder warum denken Sie nicht so oft an ihn?

- Was möchten Sie am wenigsten hergeben müssen? Falls es ein Mensch ist, können Sie über diese Angst mit der Person vielleicht mal reden? Daraus könnte sich ein ganz besonderes, tiefes Gespräch entwickeln.

- Überlegen Sie sich drei „Was wäre wenn …"-Sätze, die Ihnen besonders große Angst machen. Gibt es in dem Zusammenhang Lügen, denen Sie aufsitzen? Was würde wohl Gott über Ihr Sorgen denken?

131

Kapitel 6

Ich habe es ausgesprochen

„… alles auf der Welt hat seine Zeit: …
Suchen und Finden, Aufbewahren und Wegwerfen …"
Prediger 3,6

Es braucht Mut, großen Mut, auf seine eigenen Fähigkeiten zu verzichten und die Kontrolle aufzugeben, um nach unverdienten Geschenken Ausschau zu halten. Man nennt das auch Gnade. Wir leben allerdings in einer Zeit, in der gesellschaftlich viel Wert auf einen schönen und gesunden Körper gelegt wird. Fast täglich gibt es neue Dinge, die einem noch mehr Gesundheit versprechen. Mit ihrer Hilfe wollen die Menschen das verhindern, was ich gerade erlebe. Wie kann man da bloß auf den Gedanken kommen, dass meine Geschichte auch eine gute Seite haben könnte? Dass ich vielleicht sogar etwas Wunderbares erlebe? Kann überhaupt etwas Gutes darin liegen, Brustkrebs zu haben? Es wäre doch das Plausibelste, sich zornig gegen Gott zu wenden und sich verzweifelt gegen das eigene Schicksal aufzulehnen. Doch lässt sich dieser Weg in Demut annehmen, auch wenn man ihn sich niemals ausgesucht hätte? Findet man wirklich heraus, was das Gute daran ist? In eigener Kraft könnte ich all das nicht. Unmöglich. Ich kann es nur durch den, der ein viel größeres Leiden für ein viel größeres Ziel angenommen hat.

....

Ich glaube, Gott hat für mich bessere Pläne als alles, was ich selbst planen könnte. Deshalb versuche ich nicht, eigene Wege zu gehen, sondern ich will den Weg beschreiten, den er für mich hat. Ich versuche nicht, Gott umzustimmen. Seine Gedanken sind vollkommen. Ich will so denken wie er. Auch seinen Zeitplan will ich nicht ändern. Seine Planung ist perfekt. Sie ist genau richtig. Was er für mich hat, nehme ich an. Ich will erleben, wie er dadurch verherrlicht wird. Ich gebe mich ihm hin.

Nancy Guthrie
....

Jeden Tag übe ich neu ein, das anzunehmen, was Gott mir vor die Füße legt und den Weg zu gehen, von dem ich immer nur den nächsten Schritt sehen kann. An manchen Tagen ist es leicht, den richtigen Schritt zu gehen. An anderen Tagen kann ich Gottes Führung kaum erkennen, weil die Lügen in Bezug auf Bequemlichkeit, Sicherheit und Gesundheit mich so irritieren. Zu Beginn der Krankheit konnte ich beispielsweise den Anblick alter Leute kaum ertragen. Ich beneidete sie so sehr. Am liebsten hätte ich sie zur Rede gestellt: *Wisst ihr eigentlich, wie gut ihr es habt? Seid ihr dankbar für die Hochzeiten eurer Kinder, die Schulabschlussfeste, all die besonderen Augenblicke, die ihr erleben durftet? Jammert ihr nur über eure Alterserscheinungen oder freut ihr euch über alles, was ihr haben durftet?* Allein in Gedanken zu Menschen unfreundlich zu sein, mit denen man so gerne tauschen würde, ist nicht wirklich schön. Doch während meine Krankheit voranschritt, wurde Zeit für mich zum kostbarsten Gut. Ich machte einen richtigen Götzen aus ihr. Immer betete ich: *Bitte, lass mich noch hierbleiben!* Natürlich bete ich das auch heute noch, nur hat Gott mir inzwischen eine tiefe Dankbarkeit für mein Dasein geschenkt – für all das Schwere, für meinen ganzen Lebensweg, selbst für den Krebs. Ich werde über seine Gnade noch viel lernen müssen und werde sie nie ganz verstehen, aber manches habe ich schon erkannt. Sie lehrte mich, demütig zu werden, meine Sehnsucht nach mehr Zeit loszulassen, und ich beginne, über meine Zukunft in der Ewigkeit nachzudenken. Das alles zusammen heilt mein Inneres und hilft mir, eine Wahrheit Gottes in meinem Leid zu sehen:

Krebs ist ein Geschenk.

Da steht es jetzt. *Ich habe es ausgesprochen und niedergeschrieben.* Durch Krebs, durch jede Form von Leiden wird uns ein

neues Sehen geschenkt. Keiner will dieses Geschenk, es ist einge-
packt in Ratlosigkeit und Zerbrochenheit. Wem dieses Geschenk
gegeben wird, der gibt alle bisherigen, eigenen Vorstellungen
vom Leben auf. Das ist schön und schrecklich zugleich, doch die
Kostbarkeit jedes einzelnen Augenblicks wird einem dabei bewusst. Ich fand jedes Detail schön, was mit meinem Muttersein
zusammenhing. Mir war es nicht wichtig, ob die Kleinen schliefen, ich habe gerne mit ihnen gekuschelt und sie nicht nur mona-
telang, sondern jahrelang gestillt. Später haben wir in der Küche
getobt und waren zusammen auf Tanzflächen. Des Nachts betrachtete ich sie leise in ihren Zimmern, wenn sie in ihren Bett-
chen schliefen. Es gab Tage, an denen ich nichts lieber tat, als
Zeit mit meinen Kindern zu verbringen. Doch es gab auch Tage,
an denen ich allein in meinem Zimmer sein wollte, um ein Buch
zu lesen und über die großen Fragen des Lebens nachzudenken.
Trotzdem: Ich war von ganzem Herzen und sehr gerne Mama.
Aber immer leicht war es trotzdem nicht. Ich brauchte Jahre, bis
ich im Alltag völlig zufrieden damit sein konnte, einfach nur
meine Kinder zu lieben.

Bevor ich Krebs bekam, rang ich darum, ein freundlicheres
Wesen zu bekommen. Ich wollte eine freundliche Mutter, Ehe-
frau und Frau werden, was gar nicht so einfach war. Langweilig
war es nie, kleine Kinder zu haben, nur ermüdend war es oft. Ich
betete damals um die Gnade, den mir Anvertrauten den Weg
zu Jesus weisen zu können. Vor allem nahm ich hungrig jeden
einzelnen schönen Moment auf. Ich wollte immer mehr von
dieser Freude, Mutter zu sein, Kinder zu haben, zu lieben und
geliebt zu werden. Nie dachte ich daran, dass das irgendwann
einmal enden könnte. Ich erwartete selbstverständlich ein langes
Leben, vielleicht dachte ich sogar, ich hätte das verdient.

Jason und ich schwelgen gerne in den schönen Erinnerungen an die Geburt jedes einzelnen Kindes. Jedes empfinden wir als ein großes Geschenk. Wir freuten uns damals an ihren Löckchen, ihren interessierten Augen, ihren kleinen Öhrchen, den winzigen Fingern und Zehennägeln. Wir liebten ihr Gähnen und das süße Niesen, wenn ein Sonnenstrahl auf ein Gesicht fiel. Jason machte damals noch seine theologische Ausbildung, wir lebten sparsam und freuten uns über viele einfache Dinge. Wie stolz waren wir, wenn ein Kind das Schwungholen auf der Schaukel gelernt hatte, wir gruben leidenschaftlich gerne tiefe Löcher in den Sand, zu Hause bauten wir Burgen aus Decken und Stühlen und spielten mit Taschenlampen darin, wir kochten alle zusammen und im Auto sangen wir, so laut wir konnten. Das allerdings mochte Jason weniger als ich. Wir liebten diese Zeiten, genossen die Augenblicke und dachten, es würde immer so weitergehen. Unser Leben lang wollten wir neue mexikanische Restaurants ausprobieren, die besten Hofläden entdecken, die schönsten Campingplätze aussuchen und die größten Lagerfeuer machen.

Als uns dann die schreckliche Diagnose heimsuchte, kam all das zum Stillstand. Doch genau in dieser Zeit erinnerte sich Harper Joy daran, dass wir ihr eine besondere Mutter-Tochter-Reise versprochen hatten. Zu dem Zeitpunkt war die Nachricht vom Brustkrebs noch ganz frisch. Ich war noch nicht weiter untersucht worden und wusste noch nicht davon, wie fortgeschritten der Krebs schon war. Wir saßen auf unserer Terrasse hinter dem Haus, als sie plötzlich aufstand und zu singen begann. Sie sang von der Vorfreude auf unsere Reise, die wir zu ihrem zehnten Geburtstag machen würden. Mit Eleanor, ihrer großen Schwester, hatte ich diese Mutter-Tochter-Reise schon damals zu ihrem zehnten Geburtstag unternommen und währenddessen mit ihr in Ruhe über die verschiedenen Themen geredet, die ein heranwachsendes Mädchen eben wissen muss. Harper Joy hatte ein sehr gutes Gedächtnis. Sie tanzte an diesem Tag vor uns, freute sich und träumte von ihrer Reise mit mir. Allerdings war sie erst acht. Und ein Versprechen über zwei Jahre war nun, nach der Diagnose, eine kaum zu überblickende und lange Zeit. Sie bemerkte unsere Tränen nicht, als wir mit ihr über ihre Vorfreude sprachen und versuchten, uns mit ihr zu freuen. Verstohlen trockneten wir uns immer wieder die Augen, weil mein Leben nun plötzlich an zeitliche Grenzen gestoßen war. Zwei Jahre erschienen plötzlich unüberschaubar lang. Harper Joy sah die Traurigkeit hinter unserem Lächeln nicht – sie sah nur ihre Mama, die immer für sie da sein würde, die sich um alles kümmerte, für alles sorgte und immer ihre Sicherheit war. Sie tanzte über die Wiese und freute sich auf all das Schöne, das noch vor ihr lag, während wir schweigend, unsicher und verängstigt auf der Terrasse saßen. Sie war so liebenswürdig in ihrer Freude und mit ihren Vorstellungen von einer wunderbaren Zukunft. Wie sehr wollte ich diese Reise mit ihr machen. Von da an wurde die Bitte um diese Reise mit ihr mein regelmäßiger Schrei zu Gott.

Wir hatten uns gefühlt, als wären wir unsterblich, als würden wir für immer schöne Zeiten erleben. Dabei ahnten wir nicht, wie kostbar und unwiederbringlich jeder einzelne Augenblick war. Da waren die Momente, in denen wir uns über ein Babybettchen beugten oder mit einem Kind das Sprechen übten und ihm später mühevoll Lesen und Schreiben beibrachten. Auch die verbrannten Toasts gehörten dazu und das ganze Chaos, in dem unsere Wohnung immer wieder versank. Der Alltag rollte über uns hinweg wie Ebbe und Flut, mit Höhen und Tiefen, und wir dachten, es würde für immer so sein. Doch dann traf uns diese Nachricht, eine tödliche Krankheit, und die Angst schnürte uns die Kehle zu.

Von außen sah es wohl so aus, als würden wir weniger lachen, als wäre unsere Freude verschwunden und unsere Hoffnung verblasst. Aber das entsprach nicht dem, wie es wirklich war. Natürlich gab es Tage ohne Freude, wenn jeder Atemzug zur Qual wurde. Aber immer blieben Trost und Frieden da, nur sie waren an die Wörter *immer noch* geknüpft. Wir lachten immer noch, wir hatten immer noch Freude, wir feierten immer noch Feste, es gab immer noch Partys und wir freuten uns gemeinsam über die Einsegnung von Jason als Pastor in unserer kleinen Gemeinde, die zu wachsen begann. *Immer noch* ist ein Begriff der Hoffnung, der Dankbarkeit und der Kraft. Als meine Schmerzen zunahmen, lernte ich viel über die Bedeutung der *Immer-noch-*Lebenseinstellung. Die Zeit blieb nicht stehen und wir bewegten uns mit ihr. Aber wir nahmen die Vergänglichkeit des Lebens anders wahr. Die Zeit verging, die Kinder wuchsen heran, Zähne fielen aus und Windeln wurden nicht mehr gebraucht, aber wir lernten genau darin, die Gnade des Hier und Jetzt zu erkennen.

Wir sahen uns trotz meiner Krankheit unverändert der Herausforderung gegenüber, die eine große Familie mit sich bringt. Es mussten die Brotdosen gefüllt und verschiedenste Zettel für die Schule unterschrieben werden sowie Streits geschlichtet und Hausaufgaben kontrolliert werden. Wir nahmen all das in neuer Dankbarkeit wahr und mit einem tiefen Bewusstsein für Gnade, ohne die wir nun nicht mehr leben konnten. Dankbar erlebte ich, wie meine Kleinen meine knochigen Knie küssten und nachts zum Kuscheln ins Elternbett krochen. Selbst den endlosen Kreislauf der immer wieder schmutzig werdenden Wäsche erlebte ich bewusst und mit Dank. Das Leben ging weiter, aber unsere Wahrnehmung von Zeit hatte sich verändert und damit viele Prioritäten. Entschlossen unterschieden wir nun zwischen den Dingen, die uns wirklich wichtig waren und dem ganzen großen Rest. Schon davor war es für uns nicht wirklich schlimm, wenn ein Kind einen Becher umstieß. Doch jetzt regten wir uns über so etwas gar nicht mehr auf. Mehr noch, wir kümmerten uns nicht mehr darum, welchen Eindruck wir als Familie auf andere machten. Wir waren schon immer ein bisschen chaotisch gewesen, aber jetzt machte uns das nichts mehr aus. War die Arbeitsplatte klebrig? Stapelte sich Unaufgeräumtes in den Ecken? Egal! Für die Hausarbeit stellten wir eine Haushaltshilfe an, die alles so halbwegs am Laufen hielt. Für uns zählte jetzt das Leben an sich, jeder einzelne Moment, und nicht die Ordnung oder Unordnung, die unser Leben umgab. Es ging uns darum, die Schönheit des Lebens zu genießen. Hübsch musste es dabei nicht zugehen.

Gib mir den Mut, den Schmerz auszuhalten,
damit ich die Gnade empfangen kann.
Flannery O'Connor

Jede Woche erhalte ich E-Mails von Leuten, die Schweres durchleben und sich in ihrem dunklen Tal nach Gnade sehnen. Sie liegen ähnlich am Boden wie ich. Sie beobachten mich auf meinem Weg und schleppen sich auf ihrem voran. Gemeinsam versuchen wir, dem Friedefürst zu danken und die Herausforderungen jedes einzelnen Sturms mit seiner Kraft zu meistern. Oft folgt ein Tiefschlag auf den anderen. Doch worum es uns geht, ist, inmitten all dieser Umstände dem Licht Jesu zu folgen. Die

Geschichten dieser Menschen sind bewegend und schön. Sie erzählen von Menschen, die mutig und demütig durch großes Leid gehen und in allem nicht aufhören, Gottes Gnade zu suchen, zu sehen und zu erfahren. Mich erreichen aber auch die Geschichten derjenigen, die am Boden liegen, die sich nach Frieden sehnen und dringend Gnade brauchen, um vom Leid nicht zerschlagen zu werden.

Ich lese diese Geschichten, die mir anvertraut werden und ahne, was es heißt, mutig zu leben, mitten im Sturm. Ich lerne auf diesem Weg so viele kennen, die in einen Zerbruch geführt werden, mit dem sie niemals gerechnet hätten und darin lernen, dass all das Schwere einem keine Angst mehr machen muss, wenn man es demütig annimmt. Vielleicht liegt unsere Gesellschaft da falsch. Vielleicht? Nein, ganz sicher. Das Denken unserer Welt ist falsch, wenn es um Leiden und Schwäche geht.

....

Lass dir an meiner Gnade genügen; denn meine Kraft ist in den Schwachen mächtig. Darum will ich mich am allerliebsten rühmen meiner Schwachheit, damit die Kraft Christi bei mir wohne.
2. Korinther 12,9
....

Meine Geschichte ist noch nicht zu Ende erzählt. Sie geht weiter. Der Krebs hat jetzt auch einen Weg in mein Blutsystem gefunden. Wieder gibt es Arzttermine und das Warten auf die Ergebnisse. Ist erst einmal das Gehirn betroffen, muss man für sein restliches Leben alle drei Monate zur MRT-Untersuchung. Mir sind viele Menschen begegnet, die nach dieser Diagnose in Wut und Verzweiflung versunken sind. Ich kann sie gut verstehen. Es ist so naheliegend. Aber ich habe mich für den Weg entschieden, nach der Gnade Ausschau zu halten. Es klingt so banal, vielleicht ist es das auch. Aber ich denke mittlerweile, wenn Gott diesen schweren Weg für mich vorgesehen hat, dann hat er auf diesem Weg auch genug Gnade für mich vorbereitet. Ausreichend für mich, für meinen geliebten Mann wie auch für meine Kleinen.

Bevor ich Krebs hatte, versuchte ich, treu in den täglichen kleinen Herausforderungen zu bleiben, während ich auf die großen Durchbrüche wartete und auf große Ereignisse zusteuerte. Diese Sicht ist mir mittlerweile ganz fremd geworden. Jetzt erlebe ich die überdimensional große Gnade Gottes inmitten kleiner Situationen. In aller Demut erwarte ich nun große Ereignisse. Vielleicht erlebe ich sie, vielleicht auch nicht. Verabredungen und Behandlungen zählen jetzt zu meinen großen Events. Kleine Dinge haben enorm an Bedeutung gewonnen. Ein Feuer im Kamin, ein Becher Kaffee, ein lustiger Witz, der Schminkkurs für Krebskranke, ein Lied, das ich laut und vielleicht sogar falsch singe – das sind jetzt die großen Ereignisse, Meilensteine.

Über Jahre habe ich mein Leben vor vielen jungen Frauen offengelegt. Ich habe ihnen erlaubt, mein Innerstes und meinen Alltag zu sehen, um ihnen eine gute Mentorin zu sein. Sie durften Gutes, Schlechtes und oft auch das Hässliche in meinem Leben sehen. Ich sprach darüber, wie man Kinder in Liebe erzieht, ohne sie zu erniedrigen und zu beschämen. Offen erzählte ich ihnen, wie sehr ich Jason liebe, wie ich über meine eigenen Bedürfnisse hinausgehe, um seinen zu begegnen. Mein Leben war für viele Menschen zugänglich. Wer etwas daraus wissen wollte, konnte darin lesen, daraus lernen. Ich teilte meine Rezepte wie meine Alltagskniffe mit jeder Frau, die das wollte. Selbst meine Lebenserfahrung, die ich durch meine Fehler gesammelt hatte, behielt ich nicht für mich. Ich sprach über Situationen, in denen ich verloren hatte, und es ging um Vergebung, dem schönen Geschenk, das auf Umkehr folgt und in wahre Freiheit führt.

Ich liebe es, mich anderen mitzuteilen. Aber immer, wenn ich mit jungen Frauen sprach, freute ich mich auf die Zeit, wenn meine Töchter in diesem Alter sein würden. Dann würde ich ihnen das alles zeigen, erzählen und weitergeben, dachte ich. Ich wollte mit ihnen über Mode reden und über das richtige Maß an Make-up. Ich wollte für sie so lange Obst und Gemüse lecker zubereiten, bis sie sich an gesunde Ernährung gewöhnt haben würden und selbst damit weitermachten. Sie sollten auch herausfinden, dass Politik mir nicht liegt und ich dazu keine eigene Meinung habe. Ich wollte erleben, wie meine Kinder sich in irgendwelchen Bereichen einsetzten – was auch immer das dann sein mochte. Ich war gespannt darauf, wie sie sich mit diesen Dingen dann auseinandersetzten, sie durchdachten und versuchten, in Worte zu fassen. Ich wollte mitgehen, wenn sie ihre Hochzeitskleider aussuchten und Lake wollte ich unbedingt beraten, wenn es um den Ring für seine Braut ging. Natürlich war es mein Traum, bei ihrer Hochzeit zu sein und zu erleben, wie die Mädchen an Jasons Arm ihrem Bräutigam zugeführt würden. Genauso wollte ich Lakes Gesicht sehen, wenn er zum ersten Mal seine Braut sehen würde. Dabei würde ich bestimmt weinen. Ich wollte an Jasons Seite sein, während er grau werden, Falten bekommen und durch die Erfahrungen des Lebens immer sanfter, weiser und liebevoller werden würde.

Ich will keine Nacht verpassen, in der die kleinen Füße in unser Bett krabbeln. Ich mag ihre tausend Gründe, warum sie abends noch nicht schlafen gehen können: trinken, Bauchweh, auf Toilette, Angst, nur noch einmal umarmen, und noch einmal, bitte … Ich möchte keinen dieser schönen, anstrengenden

Augenblicke verpassen. Ich bin gespannt, was aus meinen Kindern werden wird, nicht nur beruflich, sondern vor allem, wie sich ihr Charakter entfaltet. Welches Kind wird sich stressen lassen, welches wird rücksichtsvoll agieren, welches wird starr und unbeweglich werden oder nachdenklich und zurückhaltend? Werden sie zusammenhalten und sich gegenseitig beschützen, wenn sie erwachsen sind? Wird ihr kindliches Zanken sich in tiefe Beziehungen verwandeln, so wie damals zwischen meinen Geschwistern und mir? Ich will sie kennenlernen, alles über sie wissen, auch in der Zukunft. Werden sie die Berge lieben so wie Jason und ich? Oder werden sie zu exotischen Orten fliegen, wo es tropisch heiß ist? Ich will, dass sie mich anrufen und sich meine Rezepte erklären lassen, ich will ihnen Tipps geben beim Stillen und bei der Kindererziehung, ich will ihnen helfen, ihre Kinder zu lieben und eine gute Ehe zu führen. Sie sollen herausfinden, dass ich in handwerklichen Dingen keine Ahnung habe, und ich will sie auch fragen, ob sie die Kraft des Heiligen Geistes für ihr Leben in Anspruch nehmen. In meinen Gebeten will ich jede ihrer Entscheidungen vor Gott bewegen und gleichzeitig versuchen, meine eigene Meinung zurückzuhalten. Ich will die großen und die kleinen Augenblicke, will alles, will das Leben mit ihnen teilen.

Der Krebs macht mich langsam, ich prüfe meine Aktivitäten, wie sinnvoll und wichtig sie sind. Ich verfolge das Leben in unserer Familie und lege mein ganzes Herz in jeden Augenblick. Die Kinder sind noch zu klein, um mit ihnen über Sex, Finanzen und den Umgang mit schädlichen Beziehungen zu reden, aber ich kann ihnen meine Liebe und mein Wesen zeigen. Später, wenn ich nicht mehr bin, haben sie zwar nie meine Worte zu ihren konkreten Herausforderungen gehört, aber sie kennen meine Art und können sich vorstellen, was ich zu ihrer Situation sagen würde. Wie schade, dass ich erst jetzt so bewusst lebe, seit ich Krebs habe. Die Krankheit hat mich gelehrt, anders auf mein Leben zu sehen – ich bezeichne das als Geschenk. Denn Gott lehrte und lehrt mich in meiner schweren Zeit, meine Lieben anders wahrzunehmen, so kostbar, wie sie in seinen Augen sind. Ich habe immer noch ein offenes Haus, ich gebe jedem gerne Einblick in mein Leben, aber meine Zeit ist nun begrenzt. Während der Krebs mich zu lähmen beginnt, finde ich immer mehr Zeit, bewusst zu lieben, zu sehen und zu leben. Es hat diese Krankheit gebraucht, um mich zu bremsen, um langsam zu werden, um mehr lieben zu können.

Jason und ich erleben, wie an unserem Esstisch Wunder geschehen. Miteinander zu essen, setzt viel an Gnade frei. Wir müssen mit unserer Zeit haushalten, aber es ist gut investierte Zeit, wenn wir beim gemeinsamen Essen die Beziehungen zu unseren Kindern stärken. Während wir mit allen Kindern um den Tisch sitzen und essen, wirkt Gottes Kraft unter uns. Natürlich, der Heilige Geist redet durch Predigten, Bücher und Gespräche, aber bei uns entfaltet er seine Kraft auch darin, wenn wir alle gemeinsam am Tisch sind.

Woche für Woche planen wir daher gemeinsame Mahlzeiten als Familie ein, ohne Gäste, nur für uns. Darüber hinaus beten wir auch für Bekannte in Not und laden sie ein, mit uns gemeinsam zu essen, um Fragen zu stellen und nach Antworten zu suchen und offenen Austausch zu pflegen. So wollen wir andere ermutigen. Nirgendwo sonst in unserem Leben haben wir mehr Menschen gedient als an unserem Esstisch. Für unsere Kinder soll es normal sein, sich beim Essen zu treffen und das Esszimmer als einen Ort der Geborgenheit zu erleben, an dem sie alle

Themen ansprechen können. Genauso sollen auch die Menschen aus unserer Umgebung bei uns willkommen sein, wenn sie Ermutigung und Unterstützung benötigen.

Früher gab ich mir dabei große Mühe, andere beeindrucken zu wollen. Die Gerichte, die ich zubereitete, waren aufwendig und zeitintensiv. Sie waren sehr lecker und die Zutaten meist teuer. Bei dem Versuch, anderen zu dienen, versetzte ich unsere Küche regelmäßig in ein Schlachtfeld. Waren die Gäste gegangen, hatten Jason und ich noch lange in der Küche zu tun, ehe wir dann erschöpft ins Bett fielen. Es ging mir immer darum, gelobt zu werden. Auch heute freue ich mich, wenn jemand mich mag, aber es geht mir ganz sicher nicht mehr darum, als beste Köchin aller Zeiten abzuschneiden. Heute koche ich gesund, einfach, mit Liebe und so, dass man hinterher möglichst wenig aufräumen muss – wenn wir nicht ohnehin alles bis zum nächsten Morgen stehen lassen.

Wir wollten damals in erster Linie Gemeinschaft haben mit den Menschen, die an unserem Tisch sitzen. Insofern musste ich für mich lernen, auch ohne Lob auszukommen, keine Gegeneinladung zu bekommen und Gäste in eine unvollkommene Wohnung hereinzubitten. Es war bei uns nicht mehr perfekt, die Teller passten oft nicht zusammen und es kam auch nicht alles gleichzeitig heiß auf den Tisch. Aber seit ich meine Unvollkommenheit mit anderen teilte, kamen die Leute noch viel lieber zu uns. Es war schön, zusammen zu sein, und es tat gut, sich über die Ungereimtheiten des Lebens auszutauschen. Unsere Gäste waren Ehepaare, die vor der Trennung stehen, Abhängige, die nicht frei wurden, Menschen, die unter der Bosheit anderer litten oder die sich Sorgen um ihre Kinder machten. Immer ging es um die Liebe und das Leben. An diese beiden Zutaten unserer

Mahlzeiten erinnere ich mich besonders gern. Sie führten dazu, dass wir ehrlich miteinander redeten – das war das Besondere, nicht die Perfektion des Menüs. Denn erst wenn alle fehlgeleiteten Motive entfernt sind, begegnet man sich von Herz zu Herz. Und dann kam jener Sonntag, der mich damals mehr denn je vom Wert einer Essenseinladung überzeugte. Wir hatten ein Ehepaar eingeladen, das wir mochten und dessen Sohn unlängst bei einem Motorradunfall ums Leben gekommen war. Unseren Kindern erzählten wir vorher, dass heute zwei sehr traurige Menschen mit uns essen würden. Wir erzählten ihnen die schlimme Geschichte und erklärten, dass wir den Eltern etwas Gutes tun wollten. Die Kinder hörten aufmerksam zu und wollten den beiden Trauernden aufrichtig begegnen.

Nach dem Gottesdienst kamen die beiden mit zu uns. Während des ganzen Essens liefen dem trauernden Vater die Tränen übers Gesicht. Er sprach ganz offen davon, wie sehr es ihn schmerzte, dass ihre Bekannten und Freunde ihnen aus dem Weg gingen, weil sie nicht wussten, wie sie mit der tragischen Situation umgehen sollten. Die Frau erzählte uns von schönen Erinnerungen an ihren Sohn. Wir Erwachsenen waren alle zutiefst erschüttert, weinten und teilten diesen großen Schmerz miteinander. Ich hatte Spaghetti gekocht, das Lieblingsessen der Kinder. Sie aßen zufrieden, während wir Erwachsenen unsere schmerzvolle Unterhaltung führten. Plötzlich bemerkte der weinende Mann, dass Ella ihn anschaute. Er entschuldigte sich bei ihr und den anderen Kindern für seine Tränen. Was Ella dann sagte, werde ich nie vergessen: *„Mama hat uns schon erzählt, was mit deinem Kind passiert ist. Sie hat uns gesagt, dass ihr heute zu uns kommt und dass ihr beide sehr traurig seid. Ich bin auch traurig, weil dein Junge tot ist."*

Was für ein schöner Moment! Da wusste ich, es war richtig gewesen, Menschen, die voller Kummer waren, Liebe entgegenzubringen, indem man sie zum Essen einlud. Und Ella spürte, dass wir die Menschen mitsamt ihrem Kummer lieb haben wollten. Sie beschenkte diesen Mann, indem sie ihm mitfühlend zeigte, dass er mit seinen Tränen in unserer jungen Familie willkommen war. Ella wusste noch nicht, wie es sich anfühlte, ein Kind zu verlieren, aber sie konnte ihre Liebe und Annahme besser zum Ausdruck bringen als wir Erwachsenen. Und ich wusste in dem Moment, *ja, es ist gut, wenn Kinder uns vorangehen und den Weg weisen.*

....

Mahlzeiten sollten niemals ihre Bedeutung verlieren. Sie können auch klein ausfallen, billig sein und schnell gehen, mitten in einem arbeitsreichen Tag, aber jede Mahlzeit sollte Menschen zusammenbringen, denen es nicht nur ums Essen geht.
Edith Schaeffer
....

Jetzt sind wir in der anderen Position. Jetzt brauchen wir Menschen, an deren Esstisch wir offen weinen dürfen. Wir sind jetzt oft am Boden zerstört, einsam und fühlen uns oft verloren. Wir haben es nötig, dass man uns an die Liebe und Gnade Gottes erinnert. Wir brauchen jetzt Orte, an denen wir uns sicher fühlen können, wo unsere Tränen in die Suppe tropfen und den Nachtisch versalzen dürfen. Zwar werden wir auch eingeladen und Tische werden für uns gedeckt, aber es ist auch anstrengend, das Leid immer wieder bewusst nach außen zu kehren. Manchmal sehnen wir uns danach, ganz normal zu sein. Ich will mich nicht immer als geistliche Kämpferin sehen, die einer schrecklichen

Krankheit trotzt. Gerne würde ich einfach nur mal wieder Mama sein, Frau, Freundin, ein einfaches Mitglied der Gemeinschaft. Die Leute loben mich für meinen starken Glauben, und das obwohl ich eigentlich nur ganz offen über meine Schwachheit spreche. Ich bin nicht die Einzige, die so etwas Schweres mitmachen muss. Der Unterschied liegt nur darin, dass ich meine Situation öffentlich mache und darüber schreibe.

Es gibt Tage, an denen viele Freundinnen und liebe Menschen hier bei uns auftauchen, traurig über meine letzte Nachricht, über das letzte Untersuchungsergebnis, über was auch immer es wieder von mir zu lesen gab. Doch manchmal würde ich lieber ein paar flache Witze mit ihnen machen, durch Secondhandläden streifen und überlegen, welcher Grauton am besten in unser Wohnzimmer passt. Sie bringen Leckereien mit, die sie für uns zubereitet haben. Sie wollen mir helfen, mich fallen zu lassen. Sie wollen mich an Jesus erinnern, an seinen guten Plan für uns, und sie wollen mit mir auch über die ewige Herrlichkeit sprechen, die mich aufnehmen wird. Sie wollen mir diese Geborgenheit schenken, die ich an meinem Tisch oder anderswo so oft anderen gegeben hatte. Das fühlt sich gut an, doch ich fühle mich geliebt und unwürdig zugleich. Dennoch staune ich über die Gnade und Liebe, dir mir entgegengebracht wird. Aber eigentlich würde ich lieber mit meinem Mann in ein Café gehen und mit meinen Kindern kuscheln. Ich wünschte, ich würde all die Unterstützung der anderen gar nicht brauchen. Denn viel lieber würde ich den anderen wieder Gutes tun wollen.

- Wenn Ihre Kinder sich eines Tages an ihre ersten Jahre zurückerinnern, werden sie dann vor allem daran danken, dass sie in den Bereichen von Musik und Sport sehr gefördert wurden?

Oder werden sie sich daran erinnern, dass ihre Eltern mit ihnen über die wesentlichen Dinge ihres Herzens geredet haben? Falls nicht, dann ist es nicht zu spät, damit anzufangen.

- Überlegen Sie sich fünf Bereiche, in denen es Ihnen schwerfällt, die Kontrolle abzugeben.

- Unsere Gaben können oft auch zu unseren Götzen werden. Welche Dinge oder Bereiche könnten in Ihrem Leben so viel Platz einnehmen, dass sie wie Götzen sind? Gibt es solche Götzen schon?

- Haben Sie schon angefangen, sich anderen gegenüber verletzlich zu machen? Laden Sie auch dann jemanden ein, wenn Ihre Küche unaufgeräumt ist und es in Ihrem Inneren drunter und drüber geht? Wen könnten Sie dann einladen, mitten in Ihre Unvollkommenheit hinein?

- Fühlen andere sich bei Ihnen sicher und geborgen? Wen kennen Sie, dem es gerade nicht gut geht? Wie können Sie dieser Person helfen, sich wohlzufühlen, zu entspannen und offen zu sein? Sie brauchen dazu nicht alle Probleme des anderen zu lösen, aber geben Sie ihm die Möglichkeit, sich fallen zu lassen.

Kapitel 7

Das Vertrauen eines Kindes

„… alles auf der Welt hat seine Zeit: …
Zerreißen und Zusammennähen,
Reden und Schweigen …"
Prediger 3,7

Eines Wintermorgens weckte ich meine Tochter, damit sie wieder zur Schule gehen würde. Sie war vom Unterricht freigestellt worden, um ein paar Tage zu Hause bleiben zu dürfen. Ich hatte diese Zeit sehr genossen, alle meine Lieben um mich zu haben. Nur widerwillig schickte ich Eleanor wieder hinaus in die Gruppen und Klassen, wo sie nun wieder ihre Tage verbringen würde. Ich war ziemlich in mich gekehrt, während ich meiner Tochter das Frühstück zubereitete, sie zum Zähneputzen schickte und ihr half, sich fertig zu machen, um in den dunklen, kalten Wintermorgen zu starten. Seit Monaten ging sie nun schon mit mir zusammen durch diese schreckliche, intensive und kostbare Zeit meiner Krankheit. Sie war so still, eine Zuhörerin und Beobachterin. Ich musste immer auf den passenden Moment warten, den kostbaren Augenblick, in dem sie sich öffnete und ihre Lasten mit mir teilte. Sie hat viel Liebe zu geben, verschenkt sich gerne selbst, aber über das, was sie bedrückt, spricht sie nur selten. Ich las in ihrem Gesicht, ahnte ihre große Not. Als ältestes Kind trug sie in ihrem Herzen vieles mit. So eine Verantwortung kannte ich als jüngstes Kind nicht. Selbst jetzt kommt es mir so vor, als ob Dennis und Joanna, mein Bruder und meine Schwester, sich mehr Gedanken um mich machen als ich über mich selbst.

Ich sehnte mich danach, von meiner großen Tochter zu hören, was sie bewegte. Ich fragte sie, wartete, fragte wieder ... und ich betete. Heute Morgen, während sie noch mit ihrem iPod beschäftigt war, fragte ich, ob sie mit mir in der Bibel ein Stück aus den Sprüchen lesen würde. Wir lasen das erste Kapitel und sprachen dann über die Fülle der Gedanken, die sich darin fand. Anschließend staunten wir beide über den letzten Vers.

Doch wer auf mich hört, wird sicher wohnen, kann ruhig
sein vor des Unglücks Schrecken.

Sprüche 1,33 (ELB)

Eleanor und ich überlegten, was dieser Satz bedeutete. Man musste also auf Gott hören, genau hinhören, dann würde er einen vor des Unglücks Schrecken schützen. Vor des Unglücks Schrecken? Nicht vor dem Unglück? Aber vor dem Schrecken? Nachdenklich saßen wir nebeneinander und dachten über diese Worte nach. Ich wollte mein Mädchen nicht anpredigen, wollte auf Gott hören, aber was ich hier entdeckte, fand ich einfach nur wundervoll.

Wenn ich mich Gottes Gegenwart anvertraue und mir Zeit für ihn nehme, um auf ihn zu hören, dann nimmt er mir den Schrecken. Doch bin ich ohnehin schon erschöpft und gebe dann noch Angst und Schrecken Raum, werde ich den inneren Frieden verlieren und gerate in Gefahr, in Verzweiflung zu fallen. Gerade wenn das Leben mir Angst machen will, ist es so wichtig, dass ich mich Gott zuwende, ihm zuhöre und mich von seinem Frieden füllen lasse. Ich habe so gerne alles im Griff, will alles in Ordnung bringen und mich vor allem Bösen schützen. Dabei werde ich von Ängsten getrieben, die oft grundlos sind und mir mehr zusetzen als die Dinge, die dann tatsächlich passieren. Manchmal, wenn der Schrecken sich gegen mich erhebt, versäume ich es, mein Herz zur Ruhe zu bringen und auf Gott zu hören. Das zu tun, erfordert allerdings Kraft und ist ein ständiger Kampf. Wie oft sehen wir uns selbst am Zug, obwohl wir eigentlich auf Gott hören sollten!

Während mir all diese Gedanken durch den Kopf gingen, ruhte mein Blick auf meiner Tochter. Ich sagte ihr ganz offen, dass ich mir nicht sicher war, ob und wann der Krebs zurückkommen würde. Ich bat sie, mit mir zusammen Gott zu vertrauen, dass er mit uns gehen würde, egal was uns noch bevorstehen könnte. Wir wollten auf Gott hören und ihn immer besser kennenlernen. Dann würde er uns vor jedem Schrecken bewahren.

Seit ich diesen Zusammenhang aus der Bibel verstanden habe, prüfe ich mich selbst daran. Je weniger ich mich erschrecken lasse, desto besser ist meine Verbindung mit Gott und damit mein innerer Zustand. Doch der Schrecken wird wiederkommen, das lässt sich nicht verhindern. Dann verliere ich die Freude, Chaos entsteht rings um mich her, die Angst packt mich und das Ganze kostet mich enorm viel Kraft. Baut sich der Schrecken vor mir auf, dann wird meine verborgene Angst sichtbar. Es zeigt sich dann, wie schwach mein Glaube ist und wie schwer es mir fällt, Gott zu vertrauen, der doch auf ewig meine Sicherheit und mein Schutz sein will.

Ella und ich beteten zusammen und baten Jesus, uns zu helfen, diese schöne Wahrheit, die wir gerade entdeckt hatten, umzusetzen. Wir baten ihn um seine Hilfe, um ganz in den Geschenken und in den Aufgaben des Hier und Jetzt leben zu können, ohne uns vor dem nächsten Tag fürchten zu müssen. Wir beteten, wir glaubten und wir vertrauten, dass wir Friede und Trost finden würden, wenn wir nur auf ihn hörten und ihn immer besser kennen würden.

....

Dann lächelte der Hirte noch tröstlicher als davor, legte seine beiden Hände auf ihren Kopf und sagte: „Sei stark, sei stark und habe keine Angst." Er fuhr fort: „Du Furchtsame, fange nicht an, dir die Zukunft auszumalen. Glaube mir, wenn du tatsächlich an die Orte kommst,

*vor denen du dich fürchtest, werden sie ganz anders sein,
als du dachtest. Genau wie damals, als du den Steilhang
hinaufgeklettert bist. Doch ich muss dich warnen, deine
Feinde lauern etwas weiter vorne hinter den Bäumen. Sei
auf der Hut! Wenn du dem Feigling ‚Angst' erlaubst, ein
Bild auf der Leinwand deiner Fantasie zu entwerfen, dann
wirst du mit Zittern und Zagen und in Todesangst weitergehen, obwohl es keinen Grund dafür geben wird."*

Hannah Hurnard

Wir haben viele Kommentare erhalten, was unseren Umgang
mit meiner Krebserkrankung und den Kindern betrifft. Die ganze Palette von Lob bis Tadel, von „wir reden zu offen über alles"
bis zu „wir reden zu wenig über alles", es kam alles vor. Solch
ein Thema innerhalb und außerhalb einer Familie zu kommuni-
zieren, ist eine Gratwanderung, die in jeder Familie anders aussehen wird. Selbst ohne eine Krankheit ist es nicht leicht, eine
Familie mit vier Kindern durch den Alltag zu steuern. Aber seit
die Krankheit dazukam, geht es nur noch, indem wir uns von
Gott leiten lassen, Situation für Situation. Oft fühlt es sich so an,
als tappten wir im Nebel. Es ist so schwer, zu erkennen, was richtig ist. Wie geht man mit Kindern durch solche Zeiten? Ich denke, das Wichtigste ist, ganz eng miteinander verbunden zu sein.
Denn würden sie sich in dieser Unsicherheit, dem Unausgesprochenen, alleine fühlen, dann wäre das ein Nährboden für Wut
und Angst. Kinder bekommen vieles mit, mehr als man denkt.
Sie spüren, wenn Veränderungen in der Luft liegen, sie hören
genau hin, wenn Erwachsene leise miteinander reden. Sie wissen, was los ist, sie wissen es nur zu genau. Also haben wir von
Anfang an nichts vor den Kindern verheimlicht. Im Vertrauen

darauf, dass wir vom Heiligen Geist geführt werden, haben wir selbst die schweren Nachrichten mit ihnen geteilt. So oft waren wir dabei allerdings auch innerlich zerrissen. Warteten wir beispielsweise wieder einmal auf ein Untersuchungsergebnis, verhielten wir uns gegenüber den Kindern oft still und schweigsam, obwohl wir selbst kaum die innere Anspannung ertrugen. Doch uns war es wichtig, den Kindern die tatsächliche Wahrheit zu sagen, möglichst ohne unsere vorigen Ängste weiterzugeben.

Ich werde nie vergessen, wie ich mit verweinten Augen zu Hause ankam, nachdem ich gerade erfahren hatte, dass ich an Krebs erkrankt war. Meine beiden Kleinen, Lake und Story Jane, begrüßten mich glücklich. Sie hatten mit Opa und Oma gespielt und waren total verdreckt. Sie merkten nicht, dass ich anders war. Sie freuten sich nur, dass ich wieder da war. Sie sprühten vor Lebensfreude, während ich in mich gekehrt war. Wir gingen ins Bad, ich ließ das Wasser ein und badete die beiden Dreckspatzen. Nachdenklich wusch ich ihre hellen Löckchen und trocknete sie traurig ab. Sie kicherten und plapperten und erzählten mir, was sie alles an diesem Morgen erlebt hatten. Als sie fertig waren, sagte ich mit leiser Stimme: „Ich brauche eine Medizin, die wird machen, dass mir alle Haare ausfallen werden, sogar die Wimpern und die Augenbrauen." Sie hörten aufmerksam zu und ihre Blicke ruhten nachdenklich auf meinen langen, blonden Haaren. Dann brach mein kleines Mädchen in ein frohes Lachen aus: „Mami, dann wirst du ja aussehen wie ein Junge!" Schon lachte Lake mit. Nicht immer, aber manchmal lässt sich Angst auch durch Lachen vertreiben.

Von Anfang an war es Jason und mir wichtig, jedes Kind als einzelne Person wahrzunehmen und es gemäß seiner persönlichen Entwicklung zu behandeln. Die Altersspanne unserer

Kinder ist beträchtlich. Unsere beiden Älteren wissen genau, was es heißt, Krebs zu haben. Die Kleinen hingegen können sich nicht einmal unter dem Tod etwas Konkretes vorstellen. Hinzu kommt, dass unsere Kinder von ihrem Wesen her sehr unterschiedlich sind. Sie gehen mit schwierigen Themen, Ängsten und Leid ganz unterschiedlich um. Wir haben Kinder, denen es guttut, über jedes einzelne ihrer Gefühle ausführlich zu reden, genauso wie Kinder, denen es mehr hilft, die Dinge mit sich selbst auszumachen.

Wir gehen gemeinsam mit unseren Kindern durch diese Zeit, immer auf der Suche nach guten Rahmenbedingungen, unter denen sie über ihre Ängste sprechen, ihre Sorgen loswerden und ihre Traurigkeit zeigen können. Ganz gezielt haben wir uns mit Menschen umgeben, in deren Gesellschaft sich unsere Kinder geborgen fühlen. Menschen aus der Gemeinde, Freunde und Verwandte. Sie haben es sich zur Aufgabe gemacht, unseren Kindern Freude zu bereiten und sie so zu lieben, dass ihre Liebe durch den Kummer und das Leid hindurchdringt, die Kinder berührt und stärkt. Wir haben Freunde, die unsere Kinder immer wieder aus unserem bedrückenden Alltag herausnehmen, mit ihnen etwas unternehmen und von Herzen lachen. Manche Dinge, die schwer auf den Kindern lasten, kommen dabei leicht an die Oberfläche, andere brauchen Monate. Doch wir sind glücklich, so viele Erwachsene um uns zu haben, die mithelfen, unsere Kinder auf diesem, unserem schweren Weg zu begleiten.

Unsere Kinder haben mich erlebt, als ich flach lag. Sie mussten lernen, ganz leise in mein Zimmer zu kommen. In dieser Zeit krochen sie fast unbemerkt unter meine Decke und suchten meine Wärme. Sie durften erleben, dass sie immer willkommen waren. Auch wenn die Therapie mich alle Kraft kostete und ich sehr zerbrechlich war, so war ich trotzdem ihre Mama, die sich ihnen gegenüber nicht verändert hatte. Lake hatte in dieser Zeit eine Vorliebe für Superhelden aus Comic- und Filmserien, für Hulk, Captain America, Iron Man, Black Widow, Hawkeye und andere, die er immer wieder mit mir zusammen anschauen wollte. Jedes Mal wenn er leise ins Zimmer kam, fing mein Gesicht vor Freude an zu leuchten. Er kannte sich auf meinem iPad erstaunlich gut aus und öffnete die nächste Folge von den Avengers. Dann kuschelte er sich ganz dicht an mich und streichelte meinen kahlen Kopf, während wir zusammen den Film anschauten. Er sah auf den Bildschirm, während ich vor allem ihn anblickte. Welch ein Geschenk, ihn zu haben!

Alle vier Kinder wussten genau, dass sie jederzeit zu mir kommen und ganz nahe bei mir sein durften. Es gab nie eine Distanz zwischen uns. Sie wussten immer, was für mich richtig war. Sie waren sanft, freundlich und liebevoll, und sie wussten auch, wie sie sich meine Liebe holen konnten – oft ganz leise, aber umso inniger. Doch dann kamen die Tage, an denen ich mich ständig übergeben musste. Damit war der Anblick meines Leidens so schwer geworden, dass wir es den Kindern nicht zumuten konnten, bei mir im Haus zu sein. Für diesen Fall hatten wir bereits vorgesorgt und uns mit Freunden umgeben, die sich bereithielten für solche Zeiten, und die Kinder zu sich nahmen. Wir versuchten uns immer von Gott leiten zu lassen, um zu spüren, wann es für die Kinder zu viel sein würde, oder auch für uns. Als ich gegen Ende der Chemotherapie im Krankenhaus sein musste, wusste ich, dass meine Kinder gut versorgt waren. Es gab genug Menschen, zu denen sie gerne gingen und die sie von ganzem Herzen lieb hatten. So konnte ich mich auf mich und meine Situation konzentrieren.

Auch die Schule der Kinder war eine große Unterstützung für uns. Alle vier besuchten eine evangelische Privatschule, in der man um unsere schwere Lage wusste und die Kinder sehr behutsam und entgegenkommend behandelte. Manchmal unterbrachen die Lehrer den Unterricht, weil meine Kinder weinten. Dann wurde in den Klassen für uns gebetet. Die Lehrer waren auch an besonders schweren Tagen für meine Kinder da und kümmerten sich um das, was sie gerade brauchten. Und sie hielten sich nicht an dem äußeren Verhalten unserer Kinder auf, das in solch verzweifelten Lagen oft auffällig wird. Zudem hatte jeder der Lehrer bereits in seinem Umfeld schon einmal mit Krebs zu tun gehabt. Sie wussten, was ich meinte, wenn ich ihnen sagte, dass ich mit den Kindern versuchte, Gottes Frieden und seine Gnade mitten in den Stürmen meines Lebens aufzuspüren. Welch ein Geschenk, solche Lehrer, Freunde und Mütter an der Schule zu haben, die das verstanden und mit uns gemeinsam diesen Weg gingen. Meine Kinder waren so gut eingebettet, viel von dem Kummer zu überstehen. So lernten auch sie eine Schönheit kennen, die unter harten Bedingungen entsteht.

Trotzdem wurde in der Schule von unseren Kindern weiterhin auch Leistung verlangt. Ihnen wurde nichts geschenkt, soweit es um den Lernstoff ging. Aber wenn sie um mich trauerten, dann wurden sie einfühlsam getröstet und behutsam bei der Hand genommen. Als Eleanor erklärte, sie könne sich nicht mehr auf die Schule konzentrieren und ein Vierteljahr vor dem Schuljahresende abbrechen wollte, sprach die Lehrerin mit mir und bat mich, Eleanors Not zu sehen und noch behutsamer mit ihr zu sein. Sie und auch meine Freundin Mickey halfen mir, nicht zu viel von meiner Ältesten zu verlangen, sondern ihr mitten in ihrem seelisch erschöpften Zustand liebevoll zu begegnen – am Ende eines schweren Jahres, das uns allen so viel abverlangt hatte.

Wir versuchten, den Kindern jede Frage sofort zu beantworten, so ehrlich wie möglich, ohne ihnen dabei zu schaden. Und wir beteten. Wir beteten in dieser Zeit sehr viel. Dass uns die Gnade widerfahren sollte, die Situationen richtig einzuschätzen und uns richtig zu verhalten. Und wir beteten um die Fähigkeit, gut auf die Herzen unserer Kleinen zu achten. Wir baten Gott um Kraft, sie von Herzen zu lieben, während meine Therapie scheinbar nie enden wollte. Die Leute aus der Gemeinde halfen mir, das bisschen Kraft, das ich hatte, ganz für meine Kinder einzusetzen. So schlief ich gezielt den ganzen Tag, um dafür stark zu sein, wenn sie aus der Schule kamen. Sie brachten meist viele Erlebnisse, Eindrücke und Geschichten mit. Ich erwartete sie dann im Sessel sitzend und hörte ihnen zu. Und wenn ich genug Kraft hatte und keine Medikamente nehmen musste, holte ich sie sogar mit dem Auto von der Schule ab. Sie waren dann so glücklich, wenn bei uns alles normal erschien, wenn ich so war wie die anderen Mütter. Dann verabredeten wir uns mit Freunden am Spielplatz, ich unterhielt mich mit den anderen Frauen und wir lachten viel zusammen. Wunderbare Momente!

Wie sehr sehne ich mich danach, noch mehr von diesem normalen Leben führen zu dürfen! Doch oft war ich in letzter Zeit schweigsam und still, obwohl ich sonst immer so quirlig und lebendig gewesen war. Jetzt kämpfe ich innerlich darum, überhaupt zu funktionieren. Aber ich war trotz allem bei den Kindern und sie waren bei mir. Das allein zählt für uns.

Neulich kam Jason weinend in mein Zimmer und bat mich, zu Harper Joy zu gehen und mit ihr zu kuscheln. Es war Abend, er brachte sie gerade ins Bett. Für Harper war das die schönste Tageszeit, wenn sie am Ende des Tages noch einmal über alles reden konnte, was am Tag gewesen war. Sie hatte sich plötzlich an Jason gewandt und gefragt: „Wird Mama sterben, wenn sie alt ist, oder wird sie an dem Krebs sterben?" Jason suchte vergeblich nach Worten. Diese Frage traf ihn in seinem eigenen Schmerz so direkt, dass er mich holte, um ihn zu unterstützen. So ging ich durch den Flur und schlüpfte zu meiner kleinen Tochter unter die Decke. Für sie ist es so wichtig, zu reden. Sie braucht Erklärungen und sie verarbeitet ihre Gefühle, indem sie darüber spricht. So bin ich auch. Mit ihr zu reden, ist kostbar für mich. Auch mir tut es so gut, Worte zu finden, Gefühle zu beschreiben und die quälenden Gedanken meines Herzens nach außen zu bringen.

Ich rutschte dicht an sie heran, sie legte sich auf meinen Bauch. Mit Augen voller Tränen sah sie mich an. Sie wollte es aus meinem Mund hören. Sie wollten die Wahrheit wissen. Es war ein wichtiger Moment. Jetzt ging es nicht um das Schüren einer falschen Hoffnung, sondern um Ehrlichkeit und Wahrheit als Zeichen meiner Liebe zu ihr. Ich sagte, dass ich ihr zuerst eine eigene Frage stellen wollte, bevor ich ihre beantworten würde. Anschließend fragte ich sie, ob sie glauben könnte, dass Gott in beiden Fällen bei ihr sein würde. Dabei sah ich in ihr schönes, zartes, liebevolles Gesicht. Viele Erwachsene würden sich mit der Antwort auf diese Frage schwertun. Glauben wir immer noch an einen guten Gott, wenn wir in Situationen geraten, von denen wir gehofft hatten, dass wir sie nie erleben müssten? Situationen, vor denen wir große Angst haben. Es geht mir nicht um diese

Floskel, die so leicht über die Lippen geht: Gott ist gut. Ich meine nicht diesen auswendig gelernten, antrainierten Satz. Nein, die Frage ist doch: Ist Jesus gut zu mir, wenn ich etwas erleide, wenn ein Sturm nach dem anderen hereinbricht, wenn man nur noch am Boden liegt, wenn alles zusammenbricht? Im Angesicht all des Schrecklichen, Kaputten und Unvollkommenen: Vertrauen wir dann einem guten Gott?

Ich habe an diesem Abend mit meiner Tochter viel geweint, während ich ihr versicherte, dass Gottes Güte sie umfangen würde, auch wenn ich nicht im hohen Alter, sondern jetzt schon an Krebs sterben würde. Ich erzählte ihr davon, dass ich Gott vertraute, für jeden meiner Schritte, genauso wie für ihren Weg, auch wenn er zuerst wohl sehr traurig sein würde. Dann sprach ich davon, dass ich immer ihre Mami sein würde und wie dankbar ich war für jeden Tag, den ich mit ihr erleben konnte, wie viel Freude ich an ihr hatte und dass meine Liebe immer bei ihr sein würde, auch wenn ich selbst vielleicht nicht mehr da sein würde. Ihr Kissen wurde nass von unseren Tränen, während ich über all die Freude sprach, die sie mir bereitete. Ich erzählte ihr davon, wie glücklich wir waren, als sie geboren wurde und wie schön es war, sie als Baby zu versorgen. Wir erinnerten uns an sie als Krabbelkind, als sie nie genug entdecken konnte und von morgens bis abends plapperte. Sie war immer vollkommen ehrlich und liebte ihre große Schwester von ganzem Herzen. Ich sprach über ihr kluges Köpfchen und ihren herrlichen Humor. Ich umarmte sie und dankte ihr, dankte ihr für das unbeschreibliche Glück, sie lieben zu dürfen und für die Feinfühligkeit, mit der sie an alles heranging. Ich sprach über meine Dankbarkeit darüber, dass ich seit ihrer Geburt jeden Augenblick mir ihr genießen konnte. Durch sie war mein Leben erfüllt und kostbar.

Und dann sprach ich davon, dass die Lebenslänge jedes Menschen von Gott genau festgesetzt worden war und dass Gott das mit einem Herzen voller Liebe bestimmt hatte. Natürlich betete ich um mehr Lebenszeit, erklärte ich ihr, aber wenn Gott mir die nicht schenken wollte, würde ich ihm trotzdem vertrauen, dass er gute Pläne für uns alle hatte.

Sie sah mich mit ihren tiefblauen Augen an, die sie von Jason hatte, und nickte zustimmend: „Ja Mami, ich glaube auch, dass alles gut ist, was Gott macht." Im weiteren Verlauf unseres Gesprächs sprachen wir darüber, dass Tränen etwas Kostbares sein konnten. Erleben wir Schweres und zerreißt es uns fast das Herz, dann sind Tränen ein Zeichen dafür, wie lieb wir einander haben. Wir konnten an diesem Abend gar nicht mehr aufhören zu weinen, auch in den darauffolgenden Tagen nicht. Tränen sind ein Geschenk, das wir nicht zurückhalten, nicht in uns verschließen dürfen – sie sind die Essenz des Guten in unserem Leben. Die Liebe hier und heute weitet unsere Herzen und wenn wir uns trennen müssen, tut es entsetzlich weh. Aber im Himmel werden unsere Tränen aufbewahrt als kostbare Zeichen unserer Liebe.

Wie lässt sich mit Kindern über Gnade sprechen, während man selbst so darum ringt, sie im eigenen Leben zu sehen? Man sollte es einfach tun. Ich mache es so. Das sind die Momente, in denen ich blindlings Gott vertraue, wo ich glaube, ohne zu sehen. Denn meist ist es so, dass ich mir selbst eine Predigt halte, während ich mit meinem Kind rede. Eine Predigt, die ich selbst kaum glauben kann. Es ist dieser verzweifelte Schrei: „Ich vertraue dir ja – hilf mir doch gegen meinen Zweifel!" (Markus 9,24).

Wie kann man mit Kindern über das reden, was niemals geschehen sollte? Wie hält man solche herzzerreißenden Situationen aus? Indem man sich nicht vor ihnen drückt. Ich sehe meinen Kindern in die Augen und bete innerlich um die Fähigkeit, mir Gottes Güte in ihrer Zukunft vorzustellen. Eine Zukunft, die ohne mich stattfinden wird. Ich bete um Mut für die Zeit, wenn der Abschied kommt, dass wir auch dann noch Gutes erleben, gute Augenblicke und genug Kraft, um uns gegenseitig Liebe geben zu können. Ich bete, dass mir noch viele Augenblicke geschenkt werden, ich bitte um die Gnade, selbst in den harten Zeiten mein Leben gut zu führen und Freundlichkeit zu leben, die ich selbst nicht fühlen kann.

Ich weine, wenn ich an meine Kleinen denke, die sich abends beim Einschlafen fragen, ob ihre Mama in einem Monat, einem Jahr, zehn Jahren noch da sein wird. Meine Tränen erzählen dann davon, dass ich mir ein anderes Leben vorgestellt hätte. Ich bin traurig, weil mein Glaube so schwach ist. Aber wenn Gottes Gnade sich mit ihm verbindet, dann ist mein Glaube stark genug.

....

Gott zu vertrauen, wenn kein Wunder geschieht, wenn das dringliche Gebet unbeantwortet bleibt, wenn nur Dunkelheit uns umgibt – das ist der Glaube, der Gott besonders ehrt. Diesen Glauben kann man nur in schweren Zeiten entwickeln, nur dann zeigt er sich. Dieser Glaube ist unerschütterlich, weil er in den großen Stürmen des Lebens gewachsen ist.
Nancy Guthrie
....

Meine Tochter wollte wissen, wie es mir wirklich geht, sie wollte mein Innerstes sehen. Ich suchte nach Worten, betete und küsste sie viele Male, ehe ich mich nass von Tränen in mein Zimmer zurückschleppte. Dort schrieb ich eine Nachricht an eine Freundin, die kürzlich ihre Eltern durch einen Autounfall verloren hatte. Ich bat sie, mir zu schreiben, wie sie Jesu Liebe erleben durfte, mitten in der schrecklichsten Trauer. Sie antwortete sofort und erinnerte mich an Gottes unvorstellbare Gnade. Sie schenkte mir in diesem Moment genau das, was ich brauchte – Texte über die atemberaubende Größe der Gnade, die Gott für uns bereithält. Sie ermutigte mich, dass meine Liebe meine Kinder über meinen Tod hinaus durchs Leben tragen würde. Man würde ihnen von mir erzählen, aber sie würden die Geschichten gar nicht brauchen, weil ich tief in ihnen verwurzelt wäre. Meine Liebe würde in ihrem Leben wirksam sein – eine Tatsache, die sie begleiten würde. Ich las ihre Zeilen immer wieder und bat Gott um die Gnade, das Unmögliche zu glauben. Ich weinte, betete und schlief irgendwann endlich ein.

Am nächsten Morgen musste wieder Toast gemacht werden. Der nächste Schritt – immer das Naheliegende war zu tun, so lange, bis da nichts mehr war, das noch getan werden müsste. In jeden nächsten Handgriff legte ich so viel Liebe wie möglich und hoffte, dass ich meinen Kindern damit noch genug Liebe geben konnte, dass sie für ihr ganzes Leben reichte.

～

Das Harte, das Schwere, mit dem wir nie gerechnet hätten, kann uns in jedem Lebensabschnitt treffen. Plötzlich bricht etwas in unser Leben hinein und es geht dann nur noch darum, wie wir diesen entsetzlichen Schmerz ertragen können. Vielleicht geht eine Ehe auseinander, eine sicher geglaubte Arbeitsstelle wird gekündigt, ein Kind gerät auf die schiefe Bahn. Keiner kommt darum herum, jeder kennt Stürme und den Schmerz. Doch was tun wir, wenn es uns trifft?

Bei mir war es die Diagnose, mit der ich niemals gerechnet hätte. Nie hätte ich mir vorstellen können, einmal so viel Zeit auf Untersuchungsliegen von Ärzten zu verbringen, dass aufwendige Therapien notwendig werden könnten, um mein Leben nur ein wenig zu verlängern, dass ich meine eigene Beerdigung planen müsste. Ich zähle meine Augenblicke und kämpfe um jeden Atemzug – obwohl ich erst Mitte dreißig bin. Niemals hätte ich daran gedacht, eines Tages um die richtigen Worte ringend auf dem Bett meiner Tochter zu sitzen und ihr erklären zu müssen, dass ihre Mama nicht alt und lebenssatt, sondern in jungen Jahren an Krebs sterben wird. Niemals hätte ich das für möglich gehalten! Aber diese Situationen, die offenen Wunden, die Stationen, in denen einem das Herz bricht, sind die Orte, wo das wirkliche Leben spielt. Denn die Verzweiflung des heutigen Tages lenkt unseren Blick hoffnungsvoll auf das Morgen. Und wir stellen die Frage: „Gott, wozu kann das alles gut sein?" Meiner Kleinen konnte ich nicht die Zuversicht schenken, dass ich erst als alte Frau sterben werde. So scheint nicht Gottes Plan für mich zu sein. Doch ich konnte mit ihr zuversichtlich über den Himmel sprechen.

....

Siehe, ich schaffe alles neu!
Offenbarung 21,5
....

Meine Vorstellung ist nur vage, wie dieser zukünftige Ort aussehen mag. Aber ich bin mir sicher, dass er existiert. Zwar denke ich nicht so oft an den Himmel, aber ich weiß, dass ich auf dem Weg dorthin bin. Meine Sehnsucht nach dem Himmel hält sich in Grenzen, sie ist aber groß genug, um sie unter Tränen mit meiner Tochter zu teilen. So kann ich sie trösten, wenn wir das Herz voreinander öffnen. Ich erzähle ihr, wie schnell die Zeit vergangen ist. Es ist noch gar nicht lange her, seit ich als Achtjährige in meinem Bett lag und von dem Leben träumte, das vor mir lag. Gleichzeitig starrte ich zur Tür und hoffte, meine Mama würde noch einmal kommen, mit einem Glas Wasser, einem Kuss und noch einem einzigen, letzten Gutenachtlied. Jetzt bin ich die Mama, die ins Zimmer ihrer Kinder hineinkommt. Doch anders als die Wünsche, die ich damals hatte, bringe ich nun mit, dass mein achtjähriges Mädchen sich mit dem Himmel zu beschäftigen hat. Sie redet mit mir darüber, wie man Gottes Gnade in dieser Welt suchen und erleben kann, um in der nächsten Welt die Fülle der Gnade zu finden, wenn man Jesus persönlich gegenübersteht. Doch solange wir im Spannungsfeld zwischen diesen beiden Welten stehen, hilft Gott uns. Er schenkt uns Gnade und Barmherzigkeit, wenn wir so vieles in dieser Welt nicht verstehen, wenn der Schmerz der Trennung unerträglich wird, wenn wir an dieser Welt so sehr hängen. Denn alles, was ich sein möchte, ist, für meine Tochter, meine Kinder, Mutter zu sein. Diese Sehnsucht macht mich aus. Ich will nichts anderes, als für immer die Mutter meiner Kinder und die Frau meines Mannes zu bleiben. Hat Gott mich nicht dafür geschaffen? Genauso wenig kann Harper Joy sich etwas anderes wünschen, als dass ihre Mama immer bei ihr ist. Sie kennt ja nichts anderes. Aber sollte das Schwerste von uns verlangt werden, dann vertraue ich

Gott, dass er uns seinen Frieden und seine Gnade zuteilwerden lässt.

....

Für Christen ist der Tod nicht das Ende aller Abenteuer, sondern die Tür hinaus aus einer Welt, in der Träume und Abenteuer kaum möglich sind, hinein in eine andere Welt, in der sich Träume und Abenteuer in alle Ewigkeit vergrößern und vermehren.

Wayne Triplett

....

Eine meiner Hauptaufgaben als Mutter ist die Sorge um das Wohl meiner Kinder. Und so lange ich noch Zeit habe, werde ich mich darum kümmern. Gleichzeitig will ich meine Kinder immer besser kennenlernen. Ich will herausfinden, was sie denken und fühlen und die Momente nicht verpassen, in denen Qualitätszeit zwischen uns möglich ist. Das ist oft nicht gerade dann, wenn es für mich am besten passt. Ich betrachte dann meine Kinder aufmerksam, höre ihnen zu, stelle Fragen und will alles über sie herausfinden. An welchen Stellen ihres Lebens kämpfen sie? Ich erkundige mich, wie ihre Zeit auf dem Spielplatz war – wo für sie das Leben pulsiert. Wo höre ich Einsamkeit zwischen den Zeilen heraus? Ziehen sie sich von Freunden zurück? Und ich suche nach Möglichkeiten, sie zu lieben und ganz bewusst wahrzunehmen. Ging der Tag vorbei, ohne dass wir uns von Herz zu Herz begegnet sind, nehme ich am Abend meine große Lotionsflasche mit und gehe von einem Zimmer zum nächsten, massiere ihre Füße und wünsche ihnen eine gute Nacht. Das ist meine besondere Art, die Fußwaschung Jesu nachzuempfinden. Wie Jesus den Jüngern die Füße wusch, so liebkose auch ich die Füße meiner kleinen Schar. Ich komme mit der Lotion und begegne meinen Kindern in den kostbaren Augenblicken des Einschlafens. Ich besuche sie in der Hoffnung, einen Blick in ihr Inneres gewährt zu bekommen. Ich massiere, frage und lasse mein Gebet bei ihnen zurück.

Seit ihrer Geburt bete ich inständig, dass sie Jesus spürbar erleben. Ich bete für ihre Gesundheit, für ihre zukünftigen Partner und ich segne deren Familien, sodass meine zukünftigen Schwiegerkinder gut heranwachsen können. Seit so vielen Jahren bete ich das an ihrem Bett, Abend für Abend. Anschließend wünsche ich mir von jedem Kind so viele Küsse, wie es alt ist, bevor ich es auf den Nasenrücken und die Stirn küsse. Verlasse ich dann den Raum, bin ich erfüllt von dem beglückenden Duft meiner Kinder. So meine Kinder kennenzulernen, ist meine wichtigste Aufgabe. Manchmal bin ich gar nicht so gut darin, doch dann wird mir wieder gnädig ein Blick in ihre Seele geschenkt. Manchmal muss ich aber auch sehr lange beobachten und fragen, bis ich verstehe, was in einem meiner Kinder passiert. Es ist schön, aber schwer zugleich, ein Leben lang zu lernen, nie damit aufzuhören. Ich verstehe mich weder als Lehrerin meiner Kinder noch als ihre Erzieherin, sondern als Lernende. Ich lerne über sie und lerne von ihnen. Über meine Erziehung weiß ich nicht viel weiterzugeben, nur das eine: Seine Kinder immer besser und immer wieder neu kennenzulernen und zu verstehen, danach sollte man sich sehnen. Es gilt dranzubleiben, ihnen nahe zu sein und sollte sich irgendein Wunsch nicht erfüllen, gilt es Gott zu vertrauen, dass er etwas Gutes bereithält.

Seit ich Krebs habe, ringt jedes Kind auf seine eigene Art damit. Werden Kinder mit Schmerz und Not konfrontiert, reagieren sie sehr unterschiedlich. Würde ich ein Buch finden, in dem ein Weg beschrieben wird, wie man alle Kinder durch Schmerz und Trauerzeiten führt, wäre ich mehr als skeptisch. Denn aus Erfahrung weiß ich: Wir stolpern unseren Weg entlang, aber wir nutzen jede Gelegenheit, die sich uns bietet, um sie mit der Liebe zu lieben, die Jesus uns entgegengebracht hat.

- Verbergen Sie Kämpfe oder Stürme Ihres Lebens vor Ihren Kindern? Wie finden Sie heraus, wie Sie wann über was mit Ihren Kindern reden können?

- Beobachten Sie aufmerksam Ihre Kinder. Wie können Sie sich heute Zeit nehmen, um etwas über Ihre Kinder zu erfahren? Wie können Sie ihnen heute in Liebe begegnen? Falls es Ihnen schwerfällt, mit Ihren Kindern über Gefühle zu reden und Sie sich eher auf das richtige Verhalten konzentrieren, bitten Sie Gott darum, dass er Sie hineinführt, Tag für Tag, um immer mehr über das herauszufinden, was wirklich zählt, das Herz der Kinder.

- Was denken Sie über den Himmel? Wie wird es dort wohl sein? Ist das eine tröstliche Vorstellung oder was löst der Gedanke bei Ihnen aus?

- Was hören Ihre Kinder als Letztes von Ihnen, bevor sie einschlafen? Sind es liebevolle Worte, Gefühle der Zuwendung? Oder Ungeduld? Hören sie vielleicht auch gar nichts, weil Sie nicht mit ihnen reden? Wie könnten Sie diese kostbare Zeit am Abend noch wertvoller gestalten?

- Wenn Sie beten, dass Gott Sie aus Angst und Schrecken erlöst, glauben Sie dann auch, dass er es tut? Warum? Oder warum nicht? Fällt Ihnen eine Situation ein, in der Gott es tat? Und eine, wo Sie es nicht erlebt haben? Wie hat Gott Ihnen seine Güte in beiden Situationen gezeigt?

Kapitel 8

Frieden im Sturm

„… alles auf der Welt hat seine Zeit: …
Lieben und Hassen, Krieg und Frieden …"
Prediger 3,8

Hätte ich dieses Buch vor meiner Krebserkrankung geschrieben, hätte ich wohl über weite Strecken ähnliche Themen behandelt, die gleichen Gedanken bewegt. Mit dem Thema Freundlichkeit hatte ich mich schon lange vor meiner Erkrankung beschäftigt. Neu hinzugekommen sind allerdings die Reflexionen über den Wert des Augenblicks. Und mit der Gnade beschäftige ich mich schon, seit ich zu Jesus gehöre, aber durch die Krankheit wurde Gnade zu einem existenziellen Faktor. Jetzt bin ich für jeden einzelnen Atemzug auf Gnade angewiesen, anders könnte ich gar nicht mehr leben. Ich habe erst in letzter Zeit gelernt, genau hinzuschauen und zu beobachten, nach dem Guten zu suchen und Gnade zu finden. Erst jetzt habe ich angefangen, die vielen unverdienten Geschenke, die Gott mir gibt, zu benennen, zu zählen und sein gnädiges Handeln dabei bewusst wahrzunehmen. Natürlich muss man nicht erst Krebs bekommen, um Gottes Geschenke in seinem Leben zu erkennen. Jeder, der darauf achten will, wird sie entdecken. Jeder Augenblick enthält Gaben der Gnade. An jedem Tag beschenkt Gott uns, Woche für Woche, unser ganzes Leben lang. Wird es zu einem Lebensstil, diese Geschenke wahrzunehmen, fängt Schönheit an, die schweren Lebensabschnitte zu durchdringen. Jeder Augenblick kann dann kostbar werden. Man sieht das Leben mit anderen Augen und kann erhobenen Hauptes leben, selbst unter schweren Bedingungen und großen Schmerzen. Das Leben ist oft hart genug.

....

Es ist doch interessant. Die Frage, die in der ganzen Bibel, zwischen Genesis und Offenbarung am häufigsten gestellt wird, lautet: „Wie lange noch, Herr?" Und die Aufforderung, die wir in der Bibel am häufigsten von Gott hören,

heißt: „Fürchte dich nicht!" oder „Hab keine Angst!"
Die Menschen stöhnen ständig unter ihren Lasten und
er fordert sie ständig auf, ihm zu vertrauen.
Scotty Smith

....

Seitdem ich Krebs habe, widerfährt mir Gnade, während ich selbst völlig passiv bin. Es ist so, als fände mein Leben ohne mich statt, ohne mein Zutun. Unsere Familie wird von Menschen unterstützt, denen wir vielleicht nie etwas zurückgeben werden. Die Menschen aus der Gemeinde tragen uns durch die Zeit meiner Krankheit, während ich überhaupt nichts in der Gemeinde leiste. Die Krankheit beraubt mich meiner Fähigkeiten, meiner Kraft und gleichzeitig erlebe ich eine innere Stärke, von deren Existenz ich davor nie etwas geahnt habe. Jesus befähigt mich, mitten in meiner kompletten Unfähigkeit. Durch die Krankheit lernen Jason und ich, wie wir als zerbrochene Menschen Gott dienen können. Doch muss man unbedingt Schweres erleben, um diese Gnade kennenzulernen und die Liebe, die keine Erwartungen an den anderen hat? Wie kommt man dahin, all die Erwartungen loszulassen, die man an sich selbst oft hat? Wie kommt man dahin, Luft zu holen, Gnade zu entdecken, statt von tausend Pflichten getrieben zu werden?

Ich finde mich in vielen Müttern wieder, mit denen ich laufend in Kontakt komme. Sie sind engagiert und fleißig, sie haben viele Aufgaben und sind oft sehr erschöpft. Ihre Augen sehen müde aus und ihre betont lebhafte Stimme täuscht viel mehr Energie vor, als sie eigentlich gerade haben. Gleichzeitig sehnen sie sich auch danach, aus Gnade zu leben. Mich berührt es, diesen Frauen zu begegnen, die sich ständig selbst übertreffen wollen. Ich möchte sie so gerne in einen anderen Lebensstil hineinführen, möchte ihnen zeigen, wie man langsam lebt und Gottes Stimme hört. Ich wünsche ihnen, dass sie sich Zeit lassen, ausruhen, sich nicht mehr so anstrengen. Doch solange ich gesund war, lebte ich genau wie sie. Ich ließ keine Aktivität aus, gab mein Bestes und hoffte auf persönliche Bestätigung. Ich war immer beschäftigt und wollte so gerne alles richtig machen. Hätte mir damals jemand gesagt, was ich jetzt sage, ich hätte nicht darauf gehört, hätte höflich gelächelt und schnell weitergemacht. Es gab doch immer so viel zu tun!

Denken wir nicht oft, wir würden den Heiligen Geist kennen, obwohl wir eigentlich gar keine Zeit haben, um auf seine Stimme zu hören? Wir dienen Gott mit großem Eifer, ohne uns wirklich die Zeit zu nehmen, unsere geistlichen Antennen auf ihn auszurichten, um von ihm geführt zu werden.

....

Im Himmel ist jeder liebenswert, dort ist es leicht zu
lieben. Aber Jesus sagte selbst: „Wollt ihr etwa noch
dafür belohnt werden, dass ihr die Menschen liebt, die
euch auch lieben?" (Matthäus 5,46). Im Himmel lieben
sich alle gegenseitig, in der Hölle liebt niemand. Doch
so lange wir hier auf Erden leben, können wir lernen, so
zu lieben, wie Gott liebt: Wir lernen von ihm, uns selbst-
los denen hinzugeben, die scheinbar nicht liebenswürdig
sind. Dabei wird uns bewusst, dass auch wir selbst in
vielerlei Hinsicht nicht liebenswürdig sind.
Hannah Hurnard
....

Früher konnte ich mir auf den Himmel keinen Reim machen. Ich glaubte zwar, dass es ihn gab und dass ich eines Tages dort hinkommen würde, aber das ganze Thema lag für mich in weiter

Ferne. Ich hatte mein Leben geplant und ging davon aus, mit Jason zusammen alt zu werden, richtig alt. Unsere Ehe lief gut, besser als viele Ehen, die ich kannte. Mein Leben war schön, ich war zufrieden, war auf vieles auch stolz und fühlte mich ziemlich unbesiegbar. Ich liebte meinen Mann, meine Kinder, unsere Verwandten und Freunde und mein ganzes, ausgefülltes Leben. Nie hätte ich damit gerechnet, dass meine Liebe zu ihnen dadurch besonders intensiv und kostbar werden würde, dass meine Sterblichkeit plötzlich ins Bewusstsein rücken würde.

∼

Gestern half Eleanor mir beim Kochen und Backen. Wir wollten Harper Joy zum Abendessen mit ihrem Lieblingsessen überraschen. Gleichzeitig wollte ich mein Rezept und meine Tipps an meine Älteste weitergeben, so wie meine geliebte Oma Elnora es mir beigebracht hatte. Meine Große stand neben mir und rührte. Sie war in meiner Nähe, worüber ich mich sehr freute. Im Hintergrund lief das Radio. Plötzlich erklang ein Lied, das wir beide mochten. Wir überlegten, ob wir die Töpfe kurz sich selbst überlassen konnten. Ja klar, wir drehten die Temperatur herunter, das Essen konnte warten. Und dann tanzten wir wie ein altes Liebespaar. Ihre Hand lag in meiner, mein anderer Arm umfasste die schmale Taille meiner Zwölfjährigen. Sie lehnte ihren Kopf gegen meine Schulter. So tanzten wir. Und Stevie Wonder sang voller Inbrunst: *You are the sunshine of my life, that's why I'll always be around (Du bist der Sonnenschein meines Lebens, deshalb werde ich immer in deiner Nähe sein).* Mir rollten die Tränen über die Wangen, während ich die Worte leise mitsang. Ich würde dieses gesungene Versprechen nicht einhalten können. Aber auch wenn mein Körper nicht mehr da sein würde, meine Liebe würde bei ihr weiterleben.

Wir tanzten und wir wussten ohne Worte, dass meine Liebe immer da sein würde, auch lange nachdem dieses Lied verklungen, der Tanz zu Ende war. Am Ende des Liedes umarmten wir uns, dann kehrten wir wortlos zu unseren Töpfen zurück. Mein ganzes Gesicht war nass von den Tränen. Ich hätte alles dafür gegeben, diesen Augenblick nie enden zu lassen. Könnte ich doch nur irgendetwas festhalten!

Wir tanzten zu der alten Musik,
wissend, dass wir nichts besaßen,
wirklich nichts. Nur uns selbst.
Unser Tanz bestand nicht aus Schritten,
wir tanzten reglos auf der Stelle.
Wir tanzten durch das Tor der Erinnerungen,
sicher wiegten wir uns
im Traum der Menschen
und der Engel, dem einzig realen Traum:
dass irgendetwas
bleiben würde.
John Blase

In dem kleinen Ort, an dem der Bauernhof meiner Großeltern lag, gab es ein kleines Pflegeheim. Dort lebten die beiden jetzt. Sie waren die wahren Superhelden meiner Kindheit gewesen. Nun war ihr Bauernhof schon lange verkauft. Eine andere Familie lebte dort, wo die Grillen zirpten, die Leuchtkäferchen am Abend flogen und Fische im Teich ihre Kreise zogen. Oma saß nun tagein, tagaus in sich zusammengesunken im gleichen

Stuhl. Als ich von meiner Diagnose erfuhr und noch nicht wusste, wie fortgeschritten der Krebs bereits war, scherzte ich mit Jason: „Oma hat immer auf mich gewartet, sie hat sich immer gefreut, wenn ich kam. Vielleicht wird es nun ja so sein, dass ich dort oben auf sie warte und sie dann herzlich willkommen heiße, wenn sie kommt. Das wäre doch eine schöne Überraschung, stimmt's?" Jason und ich weinten beide, während ich das damals sagte. Dann begannen die vielen Therapien und ich war zu schwach, um noch zu ihr zu fahren. Aber ich vermisste sie und Opa sehr. Hätte Oma gewusst und noch ohne ihre Demenzerkrankung realisieren können, was ich gerade durchmachte, sie wäre gekommen, notfalls auch zu Fuß. Sie wäre nicht von meiner Seite gewichen. Bestimmt hätte sie ein paar lustige Sachen in unseren Kleiderschränken gefunden und unermüdlich mit meinen Mädchen verkleiden und mit Lake Cowboy und Indianer gespielt. Sie wäre bestimmt für immer bei uns geblieben.

Heute Abend stellte Lake fest, dass meine Haare wieder wuchsen. Er fragte mich, wie es jetzt mit der Chemo wäre und wie es mir überhaupt so ginge? Welch ein liebevolles Geschenk er mir damit machte! Er sprach mit leiser Stimme und berührte mein Herz. Ihm ging es wirklich um mich, um mein Ergehen. Wir beteten zusammen und dankten Jesus dafür, dass meine Haare wiederkamen und dass ich eine Pause von der Chemo haben durfte. Dann betete Lake, dass ich keine Chemo mehr haben müsste, dass meine Haare nicht wieder ausgingen und dass Übelkeit und Schwäche wegblieben. Mir war schon früher aufgefallen, wie er sich von Gott wünschte, dass die Chemo nicht wiederkäme. Für ihn war die Therapie das eigentlich Schlimme. Er sah darin keine Medizin, nichts Heilendes. Ich verstand ihn. Den Krebs hatten wir ja gar nicht bemerkt, er hatte keinerlei

Symptome verursacht. Die Nebenwirkungen der Chemotherapie machten das Ganze erst schlimmer.

Während wir so miteinander redeten und beteten, sah ich das Herz, das Lake bekommen hatte. Hätte ich jetzt nicht Zeit und Ruhe gehabt, um so nah mit meinem Sohn zusammen zu sein, hätte ich wahrscheinlich gar nicht bemerkt, wie er sich verändert und entwickelt hatte. Obwohl das Leid unsere Familie fest im Griff hatte, war in seiner Seele eine wunderbare Empfindsamkeit und Sanftheit gewachsen. Welche Schönheit hat hier das Leiden hervorgebracht!

Ich bin mir sicher, dass ich ewig bei Gott sein werde. Aber denke ich an meine kleinen Kinder, verblasst meine Freude auf den Himmel schnell. Es ist ein Geschenk, im Hier und Jetzt leben zu können, ohne vor der Zukunft Angst haben zu müssen. Ich fürchte mich nicht vor dem Sterben, aber ich will nicht, dass die Kinder mich leiden sehen. Angst habe ich vor dem Schmerz, den sie fühlen werden, wenn ich diese Welt verlassen haben werde. Ich kenne das Ziel: Ich werde die unendliche Güte Gottes betreten und für immer in seiner vollkommenen Gnade leben. Aber was wird mit Jason und den Kindern?

Als wir nach Colorado zogen und Lake hier in die Vorschule kam, hörte seine erste Lehrerin schon bald darauf auf zu arbeiten. Damals hatte ich das gar nicht so mitbekommen, aber sie konnte nicht mehr weitermachen, weil sie ein fortgeschrittenes Melanom hatte. Kurz darauf starb sie. Nach ihrem Tod fragte mich Lake eines Tages im Auto: „Mama, der Himmel ist doch viel besser als die Erde, oder? Meine Lehrerin ist jetzt dort.

Später werde ich sie dort treffen." Immer wieder fiel mir seitdem auf, wie Lake über das Sterben sprach und betonte, dass es im Himmel viel schöner sei als hier. Manchmal denke ich, er beschäftigt sich mehr mit dem Himmel als ich. Er hofft nicht nur, er ist sich sicher, dass es einen Himmel gibt und dass er eines Tages dorthin gehen wird. Von klein auf erfüllte ihn schon diese Zuversicht über unser ewiges Zuhause.

Ich bete um die Gnade, dass Gott mir den Glauben und Frieden meines Sohnes schenken wird, wenn ich gehen muss. Und für Lake bete ich, dass seine Liebe stark genug sein wird, um mich gehen zu lassen – dorthin, wo er weiß, dass es meine ewige Heimat sein wird.

....

Das Schönste in meinem ganzen Leben war immer die Sehnsucht – nach dem Gipfel des Berges, nach dem schönsten aller Orte, nach meinem Land, dem Platz, an dem ich hätte geboren werden sollen. Wie könnte es sein, dass all dieses Sehnen nichts bedeutet? Dieses Heimweh? Tatsächlich habe ich jetzt nicht das Gefühl, zu gehen, sondern es ist, als kehrte ich zurück.

C. S. Lewis
....

„Liebes, ein langes Leben ist nicht das Wichtigste." Diesen Satz sagte neulich eine Freundin zu mir. Ihre Worte sanken nur langsam in meine Seele, ich habe lange an ihnen gekaut. Ich liebe und ich hasse diesen Satz. In einem alten Glaubensbekenntnis wird gefragt: „Was ist die eigentliche Bestimmung des Menschen?" Die Antwort, die man kennen sollte, lautet dort: „Die Bestimmung des Menschen ist es, Gott zu ehren und ihn *in Ewigkeit* zu genießen." Der Begriff „Ewigkeit" umschließt das Leben hier ebenso wie das zeitlich unbegrenzte kommende Leben. Ein langes Leben verändert im Hinblick auf unsere gesamte Lebenslänge also nichts. Aber ich sehne mich trotzdem sehr danach, noch länger hier leben zu dürfen. Insofern erfülle ich den ersten Teil der Antwort gerne, Gott zu ehren – hier wie auch im Himmel. Aber genießen würde ich Gott lieber noch länger hier auf Erden. Solange wir gesund sind und alles glatt läuft, mag einem dieses Bekenntnis leicht über die Lippen gehen. Aber wenn die eigene Zukunft zunehmend dunkler wird, fällt es schwer. Sehr, sehr schwer.

....

Es gibt keine leichtfertige, schnelle Antwort auf die Frage, warum Gott das Leid zulässt. Man findet diese Antwort nicht in einer Woche heraus, auch nicht in einem Jahr, vielleicht nicht einmal zu Lebzeiten. Manche Absichten Gottes werden nicht einmal dann offenbar, wenn die Gläubigen sterben und für immer zu Jesus gehen. Aber alle Antworten erfahren wir am Tag des großen Gerichts, wenn Gott die Geheimnisse der Herzen offenbart und diejenigen belohnt, die ihm auch dann in schweren Zeiten treu waren, als sie sein Handeln nicht verstehen konnten. Sie vertrauten ihm blind, weil sie wussten, dass ihr Gott vollkommen vertrauenswürdig ist. Gerade in solchen Zeiten, in denen der Grund für unser Leiden nicht erkennbar ist, ehren wir Gott mit unserem Vertrauen. Dann ist es in seinen Augen besonders wertvoll und schön, wie ein kostbares Juwel. Am Tag des Gerichts wird es für jeden sichtbar sein.

Wayne Grudem

....

Der Vorhang zwischen dem irdischen Leben und dem Himmel ist nicht sehr dick. Trotzdem tut es weh, ihn passieren zu müssen. Wir würden gerne hindurchschauen, einen Blick in die Ewigkeit tun und uns freuen. Aber das geht nicht. Gott schenkt uns nur Krümel der Ewigkeit, einen winzig kleinen Vorgeschmack. Wir schmecken sie und betteln um mehr. Dabei vergessen wir, dass es nur Krümel sind, während dort ein riesiges, herrliches Bankett auf uns wartet. Doch ich schaue meine Kinder an und flehe: „Jesus, du hast uns so wunderbare Kinder geschenkt, bitte, kann ich nicht noch etwas länger bei ihnen sein?"

Wie sehr ich darum bitte …! Doch statt einer Antwort erfüllt sein Friede mein Herz und das Wissen, dass er alles gut machen wird. Ich brauche mich nicht zu fürchten. Was er tut, ist schön. Er hat Wunderbares für uns vorbereitet, auf dieser Seite des Vorhangs ebenso wie auf der anderen. Doch ich muss immer wieder daran erinnert werden – ständig. Deshalb ist dieser Friede für mich so schwer. Ständig brauche ich Menschen, die mir die göttlichen Wahrheiten zusprechen, dass seine Güte und Gnade auf beiden Seiten des Vorhangs für mich existieren.

Sie werden nie wieder Hunger oder Durst leiden; keine Sonnenglut oder sonst etwas wird sie jemals wieder quälen. Denn das Lamm, das vor dem Thron steht, wird ihr Hirte sein. Er wird sie zu den Quellen führen, aus denen das Wasser des Lebens entspringt. Und Gott wird ihnen alle Tränen abwischen!
Offenbarung 7,16–17

Einmal sah Jason mich inständig und durchdringend an. Ich hörte ihm zu, wie er mit gebrochenem Herzen von der Ewigkeit sprach. Mit Tränen in den Augen sah er mich an und ließ mich teilhaben an dem, was schwer auf ihm lastete. „Kara, du wirst in dem Land sein, wo es keine Tränen mehr gibt. Du wirst mich nicht vermissen. Aber ich werde hier bleiben und dich schrecklich vermissen."

Ich konnte kaum atmen, so sehr spürte ich seinen Schmerz. Es gab auch nichts, womit ich ihm hätte helfen können. Er hatte ja recht. Aber ich vertraue Gott, dass er für Jason eine besonders intensive Gnade bereithalten wird, wenn diese Einsamkeit nach ihm greifen wird, die uns jetzt noch unbekannt ist. Wie gerne würde ich auch dieses Kapitel schon schreiben, würde erzählen von der überwältigenden Gnade, die meine Lieben umgab, als ich nicht mehr bei ihnen war. Ich weiß, dass es so sein wird, Jason weiß es auch. Wir können vieles nicht verstehen, aber ich bin überzeugt, unsere Liebe wird es auch dann noch geben.

....

Jeder von uns kommt in seinem Leben mal in die Situation, in der er einem geliebten Menschen, der in großer Not ist, gerne helfen möchte, und er fragt: „Ich möchte so gerne helfen, Gott, aber wie? Womit?" Oft können wir gerade den Menschen, die uns besonders nahe sind, nicht helfen. Entweder wissen wir nicht, was wir ihnen noch von uns geben könnten, oder – was häufiger ist – den Teil von uns, den wir geben könnten, wollen sie nicht. So kommt es, dass gerade die Menschen, die wir lieben und mit denen wir unser Leben teilen, nicht von Herz zu Herz erreichbar sind. Trotzdem können wir sie lieben – wir können vollkommen lieben, ohne vollkommen zu verstehen.

Norman Maclean

....

Zu Thanksgiving besuchte mein Vater uns. Als er sich am Ende des Tages von den Kindern verabschiedete, ermahnte er sie ernst, lieb zu Mama und Papa zu sein. Für ihre Eltern wäre es jetzt ganz wichtig, dass sie *liebe, gehorsame* Kinder wären. Ein Schmerz durchzuckte mich. Am liebsten hätte ich es meinem Vater und den Kindern ins Gesicht geschrien: „Wir wollen nicht lieb sein, wir wollen echt sein!" Sich nach außen und anderen gegenüber zu bemühen, alles richtig zu machen, war nicht unser Weg. Jason und ich brauchten in diesem Sinne keine lieben Kinder. Es half uns nicht, wenn unsere Kinder gehorsam waren. Doch ich blieb ruhig und widersprach meinem Vater nicht – was an sich schon ein kleines Wunder war. Allerdings verstand ich plötzlich vieles, was meinen Vater betraf. Ich empfand eine tiefe Liebe wie auch einen großen Schmerz für ihn. Denn wer ohne Gottes Gnade lebt, für den gibt es nur richtig oder falsch, schwarz und weiß, dazu das endlose Grau der vorgetäuschten Gefühle, das Grau des unechten, vorgespielten Verhaltens. Ich wusste natürlich, was er meinte. Der Alltag ist einfacher, wenn die Kinder gehorsam sind. Aber wie könnten wir ihr Innerstes kennen, wenn wir sie nur zum richtigen Verhalten erzogen hätten? Vielleicht würden sie alles richtig machen und alle Leute mit ihrem Verhalten beeindrucken. Aber für uns ist es jetzt richtiger, unordentlich zu sein und die Schmerzen zuzulassen. Was hilft es uns, wenn äußerlich alles aufgeräumt ist? Unsere Situation ist alles andere als das.

Ich fühlte in dem Moment plötzlich, unter welcher Spannung mein Vater all die Jahre stand. Da war so vieles, was innen wie außen nicht zusammenpasste. Kein Wunder, dass er so oft unter Druck geriet, vielleicht kamen daher die schrecklichen Ausbrüche seines Zorns? Er wollte einfach, dass alles richtig und in

Ordnung war. Aber das ging damals nicht – und jetzt, bei mir, geht es wieder nicht. Wie schwer muss das für ihn zu ertragen sein! So schleppt er sich durch die dunkle Gegenwart. Er versucht zu helfen, und es ist schön, dass er das tut. Doch mir fällt es so schwer, seine Liebe positiv zu sehen. Ich möchte so geliebt werden, wie ich liebe und nicht auf seine Art. Seine oft so raue Oberfläche macht es mir schwer, seine Zuwendung anzunehmen. Ich ringe darum, in Liebe mit meinem Vater umzugehen, auch wenn seine Antworten, seine Versuche, die Dinge in Ordnung zu halten, seine Art zu lieben mir gar nicht entsprechen. Meine Grenzen sind sichtbar, doch er bleibt auf Distanz. Er kämpft mit seinen eigenen Brüchen und bleibt allein, weit außerhalb meiner Welt. Natürlich, als Vater wünscht er das Beste für mich. Aber auch er hat keinen Einfluss darauf, eine andere Geschichte für mich vorzusehen. Er schreibt nicht die Geschichte meines Lebens.

~

Im Buch der Prediger lesen wir: *Reden und Schweigen hat seine Zeit.* Für mich ist jetzt die Zeit zum Reden. Um der Gnade willen lohnt sich die Mühe. Um der Gnade willen lohnt sich auch der Schmerz. Selbst das Suchen und Benennen der Gaben von Gottes Gnade lohnt sich, das Staunen über tausend Geschenke an jedem neuen Tag. Gnade ist ein Geschenk, das ich nicht verdienen kann, das die Liebe mir aushändigt. Trotzdem ist genug Gnade da für mich. Täglich bade ich darin. Von einer schweren Situation zur nächsten nehme ich Gnade um Gnade. Wenn ich über meine Lage nachdenke, wie ich ins Bad renne, weil ich mich übergeben muss, so existiert Gnade selbst da für mich.

Gnade wird auch für meine Kinder vorhanden sein, wenn der Tag kommt, an dem ich nicht mehr bei ihnen bin. Wie das geschehen wird, weiß ich nicht, aber dass es so sein wird, weiß ich ganz bestimmt. Gnade ist das, was man nicht erwartet. Sie ist die plötzliche positive Wende, das tröstliche leise Gefühl, die Kraft für den Tag, für den Termin, für das Leben, das ich mir so anders gewünscht hätte.

Jesus hätte mich nicht lieben müssen. Er hätte nicht an mich denken müssen, als er ans Kreuz ging. Er hätte meine Geschichte auch nicht umschreiben müssen, er hätte aus meiner schönen Geschichte nicht eine schwere Geschichte machen müssen, nur damit ich noch tiefere Schönheit finde. Er hätte es nicht tun müssen, doch er tat es. Und er tat so viel mehr. Er kaufte mich aus der Finsternis frei, als er für mich starb. Und als er den Tod überwand und aus dem Grab kam, da besiegte er auch meinen Tod. In nur einem Augenblick demonstrierte er seine Macht. Er musste sterben, damit es die Auferstehung gab, die mich aus aller Not und Angst befreit. Diese Gnade bewirkt den Frieden in mir. Jesus ging den harten, brutalen, grausamen Weg – für mich. Am liebsten möchte ich mich abwenden, so hässlich ist sein Leid, das er ertragen hat. Aber seine Geschichte ist die zentralste aller Geschichten und der Wendepunkt für mein Leben. Meine Sünde brachte ihn ans Kreuz, doch in seiner Liebe sah er mich an, und er sagte: *Sie gehört mir. Sie ist meine Tochter. Ich habe gute Pläne für sie. Wenn ihr Leben schwer wird, bin ich an ihrer Seite. Sie wird mich nicht immer sehen, aber ich bin immer da. Auch für ihre Kinder und ihren Mann werde ich immer da sein. Sie sieht mich nicht, wenn sie an ihre Eltern denkt, weil da immer noch viel Schmerz ist, aber ich bin auch für ihre Eltern da. Überall, wo sie Not sieht, sehe ich Herrlichkeit.*

Gnade. Alles ist Gnade. Jesus wird da sein. Er wird mit uns weinen, wird uns lieben, wird meinen Lieben begegnen, für meine Kinder sorgen, auch um unsere Gemeinde und meine Familie wird er sich kümmern. Solange ich noch reden kann, will ich auf diese Gnade hinweisen, auf Jesus. Seine Liebe ist so groß, so gut, dass jede Anstrengung sich lohnt, nach ihr zu suchen. Er schreibt unsere Lebensgeschichten und er gibt uns Gnade. Seine Liebe hat mich in all meiner Schwachheit und Not jeden Tag umhüllt. Dafür stehe ich, das bezeuge ich.

Er gab mir die Gnade, meinen Vater nicht durch unnötige Kritik zurückzuweisen, als er meinen Kindern seine gut gemeinte Ermahnung gab. Er wollte bloß helfen. Da sah ich plötzlich die Not seiner Seele. Eine Not, die ich nie gefühlt habe. Es muss unendlich schmerzhaft sein, wenn ein Vater sein Kind in dem Zustand sieht, in dem ich jetzt bin. Ich möchte mir nicht vorstellen, wie es ist, das zu sehen, ohne von Gnade umgeben zu sein. In diesen schmerzlichen Momenten verstehen wir uns nicht, fühlen nicht, was den anderen bewegt. Aber auch dafür ist Gnade da. Eine Gnade, die das Herz weit macht und die Liebe annehmen kann. Überall, wo meine Eltern, meine Familie, meine Gemeinde mir nicht helfen können, ist Gnade abrufbereit. Ist mir in meinem Elend wieder die Gnade begegnet, dann berichte ich meinen Kindern davon. Ich kann die Wahrheit, die ich erlebe, die ich lerne und verstehe, weitergeben. Das Leben ist nicht leicht, egal wie die Bedingungen sind, Schmerz gehört dazu. Es geht gar nicht anders, Beziehungen sind kompliziert, Gehorsam ist nicht immer erkennbar und es gibt Tage, da sieht man den Weg einfach nicht. Aber wenn die Kinder ungehorsam sind, enttäuscht mich das nicht. Ich weiß doch, dass meine Kinder nicht gut sind. Niemand ist gut, lehrt uns die Bibel, nur Gott allein.

Wir müssen nicht gut sein, wir brauchen Gottes Geschenke, seine Gnade, nur so heilt unser wundes Herz. Diese Liebe ist real, das ist wahr, das ist alles. Liebe genügt.

~

Ich schreibe diese Zeilen, ohne zu wissen, ob ich noch hier sein werde, wenn das Buch gebunden wird. Seit ich angefangen habe, diese Seiten zu schreiben, hat der Krebs weitergemacht. Er hat jetzt die Lymphbahnen rund um mein Herz erfasst. Ich schreibe über die markanten Stellen meines Lebens, über die harten Momente meiner Gegenwart und über die Herausforderungen der Tage, die noch kommen werden, und ich spüre, wie mein Leben verblasst. Aber dieser Tag, mein Heute, liegt vor mir als Geschenk, als ein Zeichen von Gottes gnädiger Liebe für mich.

....

Nehmen wir die Geschichte ernst, die Gott uns als Lebensweg gegeben hat und leben wir sie. Wir wollen unsere Geschichte lesen, leben, und anderen erzählen. Sie kann Inspiration für viele sein.

Dan Allender
....

- Welche Masken, die Sie früher getragen haben, konnten Sie in den stürmischen Zeiten Ihres Lebens ablegen? Wie kam es, dass die Masken fielen und wie gingen Sie damit um? Spielten Sie mit dem Gedanken, die Masken wieder zurückzuholen?

- Gab es Momente in Ihrem Leben, in denen Ihnen deutlich wurde, dass Ihre Geschichte Teil eines großen Ganzen ist, das Gott entworfen hat? Wie wirkte sich das auf Sie aus und wie leben Sie seitdem?

- Haben Sie Erwartungen an sich selbst gestellt, die Ihnen nun fast die Luft abschnüren? Was sagt wohl Gott zu diesen Erwartungen? Wie sieht die Freiheit, die Jesus uns bringt, in Bezug auf diese Erwartungen aus?

- Welche Pläne haben Sie geschmiedet, die sich nun nicht realisieren lassen? Wie gingen Sie mit der Enttäuschung um? Was könnte es konkret bedeuten, Gott in diesen Enttäuschungen zu vertrauen?

- Stellen Sie sich vor, wie Gott zu Ihnen redet und auf die Momente der Gnade in Ihrem Leben deutet. Worauf wird er Sie aufmerksam machen?

Briefe von Kara

Mein geliebter Jason,
als ich zum ersten Mal das Lied von der Band „Bright Eyes" hörte, habe ich geweint. Sie singen: *„This is the first day of my life, I'm glad I didn't die before I met you (Heute ist der erste Tag meines Lebens. Ich bin froh, dass ich nicht gestorben bin, bevor ich dich getroffen habe)."* Genau so ging es mir. Mit dir fing mein Leben an. Das Leben, von dem ich als kleines, unglückliches Mädchen träumte, wenn ich am Flussufer saß. Ich bin so dankbar für jeden einzelnen Augenblick an deiner Seite, für jeden Atemzug, jedes Kichern, für das ganze Leben mit dir. Wir haben so viele große und kleine Dinge miteinander geteilt und so vieles übereinander herausgefunden. Unsere Beziehung war voller Leben, zärtlich und mit herzlichem Lachen erfüllt. Wir haben so viel gelacht! Du kennst längst jeden Winkel meines Herzens, die hässlichen wie die schönen Bereiche. Du liebst sie alle und ich muss auch die zugemüllten Ecken meiner Seele vor dir nicht verstecken. Gelassen und großzügig gehst du über meine Schwächen hinweg. Damit schenkst du mir den Mut, mein Leben vor vielen Leuten offenzulegen, im Blog, in diesem Buch und mit Freunden im Gespräch. Das Schöne ist, dass du mich liebst, egal was ich von mir berichte, was es von mir zu sagen gibt. Ich werde von dir geliebt, mit allem, was zu mir gehört. Es ist auch nicht schlimm, wenn ich Fehler mache. Du liebst mich und du ziehst dich nicht

von mir zurück. Seit wir uns kennen, hast du Augenblick für Augenblick deine ganze Liebe investiert, um mir immer näher zu kommen. Will mich etwas unter Druck setzen, dann erinnerst du mich wieder an das Gute, dass wir einander haben, und ich entspanne mich. All das Schwere meines Lebens ist nichts, gemessen an der Kostbarkeit deiner Nähe. Und geriet ich in Gefahr, dir den Platz in meinem Leben zu geben, der eigentlich Jesus gehörte, dann hast du mich wieder freundlich und liebevoll zu der Haltung zurückgeführt, bei der Jesus im Zentrum meines Herzens ist. Immer wieder hast du mich an das erinnert, was ich wirklich will – den einzigen Weg, um mein Innerstes wirklich zu befriedigen. Jesus. Du hast mich so sanft und so gut geführt.

Beim Saubermachen – nein, ich will ehrlich sein, während ich versuchte, mich vor dem Saubermachen zu drücken – fand ich ein Notizbuch, das ich vor vielen Jahren angefangen hatte. Darin sollte es um uns beide gehen. Mein ursprünglicher Plan war, dass wir dort unsere Träume und Pläne für unsere Ehe und unser gemeinsames Leben niederschreiben würden. Ich habe genau dreimal etwas hineingeschrieben. Das ist so typisch für mich: viele Ideen und wenig Durchhaltevermögen. Aber irgendwie gefällt mir der Gedanke auch. Ich hatte das Notizbuch vergessen, während ich an deiner Seite das wunderbare Land unserer Ehe betrat. Ich brauchte die verklärten Träume von einem perfekten Leben nicht mehr, denn wir waren mittendrin, treu in den kleinen Dingen fanden wir das wirkliche, erfüllende Leben. In manchen Bereichen fanden wir es mehr, in anderen weniger. Zwei der Träume, die ich vor sehr vielen Jahren notiert habe, will ich hier wiedergeben. Sie stammen aus einer Zeit, als wir ratlos und unschuldig wie kleine Kinder unterwegs waren, die sich gerne lieben wollten, aber sich nicht sicher waren, wie das geht.

Mein größter Traum für uns ist, dass unsere Liebe nie aufhört und wir uns vollkommen aneinander verschenken, immer in der Absicht, die Entwicklung des anderen zu fördern. Ich hoffe, dass unsere Liebe tiefer wird, während wir einander besser kennenlernen. Die Leidenschaft, die uns jetzt füreinander erfüllt, soll zunehmen, nicht nachlassen.

Mein zweiter Traum ist es, Kinder zu haben. Ich bin mir ganz sicher, dass es meine Bestimmung ist, Mutter zu sein. Alles, was ich jetzt gerade mache, dient dem einen Ziel: Ich möchte ein schönes, sicheres Nest bauen, in dem unsere Kinder glücklich und behütet aufwachsen können. Aber ich will nicht einfach nur Kinder bekommen, sondern ich träume davon, eine richtig gute Mutter zu werden und unsere Kinder bedingungslos, grenzenlos und unendlich zu lieben.

Diese einfachen, aber doch auch großen Träume haben sich in vielerlei Hinsicht erfüllt. Stellenweise übertraf unser Leben meine Träume. In anderen Bereichen kamen wir aber auch an Grenzen, wo es bei den guten Absichten blieb, weil sich Dinge als unrealistisch erwiesen. Doch insgesamt haben wir so unser eigenes Universum geschaffen. Während ich neben dir ging, kam ich oft ins Stolpern, aber ich musste mich nie fürchten, mir beim Fallen wehzutun. Du bist mir voller Gnade vorangegangen, hast mir immer die Wahrheiten zugeflüstert, mich an die Liebe erinnert und mir viel Freiheit gelassen. Ich konnte gehen, rennen, stolpern und hinfallen, ohne deine Liebe und Annahme zu riskieren. So eine Liebe kannte ich nicht, sie ist mir zuvor noch nie in einem Menschen begegnet. Unter den Bedingungen, die du für mich geschaffen hast, konnte ich mich voll entfalten, konnte zur

Blüte gelangen und reifen. Du hast mir ermöglicht, meine Rolle als Mutter so auszufüllen, wie ich es mir immer gewünscht hatte. Auch wenn ich unfreundlich war, bist du freundlich geblieben. Du hast mir behutsam den Weg gewiesen, hast mich geliebt, beschützt und mir geholfen, Jesus besser kennenzulernen. Das war nicht der Jesus, wie ich ihn mir früher gerne vorgestellt hätte, ein Jesus, mit dem das Leben unkompliziert und angenehm ist. Nein, du hast mich mit dem echten Jesus bekannt gemacht, der wirklich liebt – einem Jesus voller Barmherzigkeit, Wahrheit und Gnade. Und du hast mich erkennen lassen, wie du deinen Glauben lebst.

Mein lieber Schatz, du bist so ein wunderbarer Ehemann. Vielleicht ist die Ehe deine größte Gabe und Berufung. Als mir die Diagnose mitgeteilt wurde, tat der Gedanke, dass ich dich vielleicht einmal verlassen und dich vielleicht mit einer anderen Frau teilen muss, schier unerträglich weh. Aber eines Tages wurde mir etwas klar. Ich kenne keinen anderen Mann, der seine Rolle als Ehemann so gut ausfüllt wie du. Wie könnte ich mir da wünschen, dass du diese Berufung nicht mehr auslebst? Dieser Platz in deinem Herzen und in deinem Leben soll nicht leer bleiben. Wieder einmal hat Jesus mich in aller Liebe und Geduld zurechtgewiesen und mir gezeigt, wie egoistisch und stolz meine vorige Einstellung war.

Mein lieber Mann, du warst ein wunderbarer Ehemann für mich. Deine Liebe zu mir war so groß, so hoch und so tief. Jason, selbst wenn ich es Tag und Nacht ununterbrochen sagen würde, schreiben würde … es wäre niemals genug: Ich danke dir und ich liebe dich! Du hast mir das Leben ermöglicht, das ich nicht zu hoffen wagte. Du hast nie den Mut verloren, du warst voller Glauben und integer an meiner Seite, selbst als ich elend und schwach war. Es war wunderbar, dich so zu sehen. Wunderbar, von so viel Gnade umgeben zu sein.

Lass dein dienendes Herz auch in Zukunft lieben. Deine Liebe soll so zärtlich bleiben, wie ich sie kenne, gerade auch dann, wenn es hart sein wird, zart und freundlich zu sein. Hör nicht auf, deine Liebe zu verschenken, es gibt keinen Grund, deine Liebe zurückzuhalten. Ich weiß, dein Herz ist kurz davor, in tausend Stücke zu zerbrechen. Doch ich bin überzeugt, dass auch aus dieser schrecklichen, entsetzlichen Situation etwas Gutes entstehen wird. Ja, ich habe Angst, aber ich habe keine Angst um dich. Du wirst in der gleichen Treue, mit der du bisher Tag für Tag durch die vielen schweren Situationen gegangen bist, auch in Zukunft weitergehen. Gott hat einen guten Plan, auch wenn der Weg hart ist. Ich vertraue ihm, ich vertraue ihm, ich vertraue ihm!

~

Meine lieben Kinder,
ich wünschte, ich würde euch diesen Brief erst schreiben, wenn ihr erwachsen seid. Ihr könnt euch gar nicht vorstellen, wie sehr ich mir ein langes Leben mit jedem von euch wünsche, wie sehr ich dafür bete. Manchmal bekomme ich eine Ahnung von dem, was einmal aus euch werden wird, aber der größte Teil eurer Lebensgeschichten liegt noch im Verborgenen. Wie jede Mama wünsche ich mir, dass ihr ein gutes Leben habt. Mein größter Wunsch ist, dass ihr in enger Verbindung mit Jesus lebt, ihn liebt und kennt. Ihr müsst wissen, dass es euch immer besser gehen wird, je mehr Raum ihr ihm in eurem Leben gebt.

Ich hätte früher nicht gedacht, dass in den schweren, ja in den fast unerträglichen Zeiten Schönes wachsen kann. Oft überlege ich, wodurch ich geistlich reifer geworden bin, wann ich Gottes Wahrheiten besser verstehen konnte und mir angeeignet habe. Es war vor allem in den ganz schwierigen Phasen, als ich verzweifelt, verletzt und innerlich zerbrochen war. Ich weiß es hundertprozentig, es waren die harten, stürmischen Zeiten, in denen Gott an mir gearbeitet und mir innere Schönheit gegeben hat. Trotzdem hoffe ich sehr, dass eure Lebensgeschichten anders verlaufen werden als mein Weg. Ich habe immer gedacht, wenn Papa und ich jeden von euch maximal lieb haben, dann würdet ihr sicher ein gutes, frohes Leben haben. Wir haben euch so lieb, dass wirklich nicht mehr möglich ist. Trotzdem gehören nun auch schwere, hässliche Seiten zu unserer Familiengeschichte und damit auch zu euch. Ich bete, dass eure Herzen nicht hart, bitter oder wütend werden und dass ihr euch nicht dem Gott gegenüber verschließt, der all das Schwere nicht verhindert hat.

Ich will bei euch sein. Ich will sehen, zu was für Persönlichkeiten ihr werdet und wie Gott euch formt. Ich würde gerne wissen, ob ihr euch stark schminken werdet oder ob ihr vielleicht auch ganz ohne Make-up auskommt. Ich würde gerne wissen, ob ihr später gerne wandert oder ob ihr lieber mit einem Buch auf dem Sofa den Tag verbringt? Werdet ihr euch irgendwo engagieren und für ein besseres Leben, eine bessere Welt eure Kraft investieren? Oder werdet ihr eher zurückgezogen sein, alles beobachten und in den kleinen Dingen des Alltags die Gnade erkennen, die Gott uns schenkt? Ich würde gerne wissen, wie ihr später riechen werdet. Ich kenne euren Geruch als Babys. Wird der bleiben oder werdet ihr, so wie ich, später nach Patschuli riechen? Habt ihr auch diese Erinnerungen an bestimmte Geschmäcker und Gerüche, wenn ihr an bestimmte Situationen denkt? Ich möchte dabei sein, wenn ihr alle vier mit Papa und mir zusammensitzen werdet. Ihr werdet Jugendliche sein und uns all diese peinlichen, verbotenen kleinen Dinge offenbaren, die in der Kindheit eure Geheimnisse waren. Vielleicht kommt dann heraus, wo ihr immer das Essen versteckt habt, das ihr nicht essen wolltet oder wie schlimm es für euch war, wenn wir euch abends allein gelassen haben? Wir werden bestimmt viel lachen, wenn ihr uns solche Sachen bekennt. Dann werden Papa und ich euch ganz offiziell alles vergeben, was war. Ich möchte so lange leben, bis ihr groß genug seid, um mir zu sagen, was ich falsch gemacht habe und in welchen Situationen ihr durch mich verletzt worden seid. Ich möchte dann meine Schwächen eingestehen und euch um Vergebung bitten. Alles, was ihr mir sagen werdet, wird mir leidtun, und ich werde es sehr bedauern. Auf der Grundlage eurer Vergebung und unserer Versöhnung werden unsere Beziehungen noch inniger werden. Ich will das alles erleben.

Ich möchte da sein, wenn ihr euch verliebt. Ich will mit euch zusammen all den Kummer ertragen, den ihr dabei vielleicht erlebt. Ich will euch dann trösten und mich mit euch zusammen an den großen Tröster wenden. Ich will euch kennen, richtig gut kennen, in der Tiefe eurer Seelen. Ich möchte euch schwierige Fragen stellen und auch von euch infrage gestellt werden. Ich möchte bei euch sein, wenn ihr anfangt, über alles nachzudenken und das Erlebte zu hinterfragen. Es interessiert mich, wie ihr diese Zeit, in der ich Krebs hatte, im Nachhinein bewerten werdet. Was werdet ihr dann sagen – in welchen Bereichen konnten wir euch beschützen? Wo habt ihr euch schutzlos gefühlt? Gab es damals Situationen, in denen euch die Gnade begegnet ist? Ich will später mit euch darüber reden, wie das für euch war, als eure Mami so krank und euer Papa so traurig war. Vielleicht ist es gut, wenn ihr dann den Schmerz jener Zeit noch einmal hochkommen lasst. Wir haben euch die ganze Zeit von ganzem Herzen geliebt, total geliebt, aber wir fühlten uns dabei auch kraftlos und schwach. Ich will dabei sein, wenn ihr als Erwachsene noch einmal diese Zeit eurer Kindheit Revue passieren lasst. Ich will tanzen. Ich will bei eurem Schulabschluss tanzen und auf eurem Hochzeitsfest, ich will mit euch tanzen, während wir den Abwasch machen, ich will tanzen, wenn die Tage hart sind und wir Schmerzliches erleben. Ich möchte zu lauter Musik tanzen, aber auch zu ruhiger Musik. Ich will auch einmal einen langsamen Walzer tanzen, während ihr auf meinen Füßen steht. Ich will mit euch auch ganz wild und ausgelassen tanzen. Ich will mit euch tanzen, einfach so, ohne Anlass, vielleicht nur, weil es Dienstag ist.

Ich sehne mich schmerzlich nach all diesen Augenblicken und wünsche mir, dass sie so werden, wie es meiner Vorstellung entspricht. Solange ich atme, werde ich das Leben führen, das mir anvertraut wurde und das ich lieben soll mit all meiner Kraft. Für mein Versagen werde ich immer wieder um Vergebung bitten. Jeder Atemzug ist ein Geschenk, so wie auch jeder von euch ein Geschenk ist. Neben Jesus und eurem Papa seid ihr die größten Geschenke meines Lebens. Durch euch habe ich eine Liebe kennengelernt, von der ich davor gar nicht wusste, dass es sie gibt. Durch euch habe ich auch herausgefunden, dass ich Grenzen der Belastbarkeit habe, die mir bis dahin unbekannt waren. Durch euch habe ich gelernt, mit Gnade zu leben, mir Gnade zu suchen, immer dann, wenn ich am Ende war. Und wenn ich nicht mehr voller Gnade und freundlich war, dann habt ihr mit Nachsicht reagiert. Lag ich am Boden, dann habt ihr mich wieder zum Lachen gebracht und mir eure Liebe gezeigt. Würdevoll und stark habt ihr mit mir, mit uns, diese harte Zeit erlebt.

Es ist jetzt sehr schwierig für mich, diesen Brief zu beenden. Von mir aus sollte er nie aufhören. Die Liebe und Gnade, die ich mit diesen Worten zeigen und bewusst machen will, sollen nie enden. Ich möchte bei jeder Mahlzeit dabei sein und alles hören, was ihr von eurem Tag erzählt. Während ich das Essen auf den Tisch stelle, möchte ich mich an eurem Leben und eurer Liebe freuen und auch das Schwere mittragen. So lange ich Kraft zum Atmen habe, möchte ich das Gute benennen. Ich will die Zeichen der Güte Gottes sehen und aussprechen. Ich bete, dass ihr diesen Lebensstil auch zu eurem macht, jetzt schon, solange ich noch bei euch bin.

Eleanor Grace, Harper Joy Sonnet, Lake Edward und Story Jane, ich liebe euch. Ich liebe es, eure Mama zu sein. Ich liebe jeden Augenblick, den ich mit euch verbringen darf. Ich bete, dass ihr den Blick auf Jesus richtet, wenn euer Leben schwer wird, wenn es nicht glatt läuft, sondern so eng wird, dass ihr kaum noch atmen könnt. Ich bete, dass ihr gerade dann seine Güte erfahren könnt. Wenn solche Zeiten kommen, dann dürft ihr wissen, ich habe schon dafür gebetet. Die Gebete werden da sein, wirksam sein, auch über meinen Tod hinaus. Ich danke euch. Danke für alles, was ich von euch über das Leben lernen darf. Welch ein kostbares Geschenk ist doch jeder von euch für mich!

Brief von Jason

Es gibt hier in unserer Nachbarschaft ein älteres Ehepaar, das regelmäßig einen Spaziergang macht. Wahrscheinlich sind sie Anfang siebzig. Sie gehen immer Seite an Seite. Im Sommer halten sie dabei ihre Hände. Aber seit es Winter ist, haben sie das nicht mehr getan. Manchmal höre ich ein paar Fetzen von ihrer Unterhaltung, aber ich verstehe nicht wirklich, worüber sie reden. Vielleicht über ihre Enkel? Oder über ihre Kinder? Über ihren gemeinsamen Ruhestand? Ich könnte mir noch eine Menge Themen vorstellen, mir die Geschichte dieser Menschen ausmalen, doch ich kenne sie nicht.

Während ich das schreibe, warten Kara und ich wieder einmal auf ein Untersuchungsergebnis. Sie war wieder in einer der Röhren, es wurden wieder Aufnahmen vom Inneren ihres Körpers gemacht. Fast gewöhnen wir uns schon daran, immer auf irgendwelche Ergebnisse zu warten. Während ich warte, gehen meine Gedanken in alle möglichen Richtungen. Wie wird unsere Zukunft sein? Wie wird diese Untersuchung, deren Technik ich nicht verstehe, unser Leben beeinflussen? Unsere Zukunft, meine nächsten Stunden, Tage, Monate – ja, meine nächsten Jahre werden davon abhängen.

Ich denke oft an dieses ältere Ehepaar, weil sie das haben, was ich mir wünsche. Natürlich habe ich keine Ahnung von den Herausforderungen ihres Lebens, aber ich stelle mir ihr Leben einfach schön vor. So schön, dass sie im Winter nicht ihre Hände halten. Ich gehe ihnen nun aus dem Weg.

Ich kenne einen Mann, mit dem ich selten rede, den ich aber doch als meinen Freund bezeichnen würde. Er erlebt genau das Gegenteil. Seine junge Frau ist an Krebs gestorben. Ihm gehe ich auch aus dem Weg. Aber ich weiß, dass der Tag kommen wird, an dem ich ihn anrufen werde. Ich werde am Telefon so weinen, dass ich nicht mehr sprechen kann. Dann wird es keine Unklarheit mehr geben. Dann wird die Zukunft nicht mehr so undurchsichtig sein. Ich werde dann mitten in der Dunkelheit sein, die ich mir jetzt nicht vorstellen kann.

Ich hasse das Geheimnisvolle des Lebens, das Unbekannte und Unklare. Ich hasse Wahrheiten, vor denen ich mich fürchte und gegen die ich nichts unternehmen kann. Dieses Buch macht klar, dass es Kara genauso geht. Auch sie ringt darum, im Inneren den Frieden zu bewahren und zu erleben, während sie mitten im Sturm und Chaos lebt. Doch obwohl unser Leben vom Krebs überschattet ist, würde ich um nichts in der Welt auch nur auf einen einzigen Tag mit Kara verzichten wollen. Ich möchte nichts von alldem missen, was ich mit ihr zusammen erlebt habe. Um keinen Preis.

Jeder Mensch ist einer unbekannten Zukunft ausgeliefert, jedem verhüllt sich das Leben. Doch ich habe einen dreifachen Weg gefunden, damit umzugehen. Ich suche vor allem den Kontakt zu dem Einen, der das Geheimnis meiner Zukunft kennt und aus dessen Perspektive alles, was ich erlebe, sinnvoll ist. Bei ihm weiß ich, ich bin Teil eines großen Ganzen, das er plant und koordiniert. Meine existenziellen Fragen finden in seiner allgegenwärtigen Gnade ihre Antworten. Ich brauche aber auch meine Angehörigen, meine Freunde und unseren Bekanntenkreis.

Und ich finde immer mehr über den Frieden heraus, der wie ein Strom durch dieses Leben und bis in die ewige Welt hinein fließt, den ich suche, den ich brauche. Ich kann es bezeugen, das Leben kann sehr schwer und herausfordernd werden, aber selbst dann ist es schön.

Dank

Ich liebe Menschen, ich bin gesegnet mit vielen Kontakten und es ist mir ein großes Anliegen, allen zu danken, zumal ich spüre, dass mir nicht mehr viel Zeit bleibt.

Es ist mir wichtig, dass sich jeder so geliebt, angenommen und wertgeschätzt erlebt, wie er es in meinem Herzen auch ist. Aber es ist mir einfach nicht möglich, alle aufzuführen, die ich geliebt habe, die unsere Familie geliebt haben, die unseren Alltag unterstützt und unseren Glauben gestärkt haben. Jeder soll es jetzt gleich als Erstes lesen: Vielen Dank für all die Liebe, die du uns erwiesen hast! Vielen Dank für all die Unterstützung! Ich bin so dankbar für die vielen Herzen, die sich uns geöffnet haben. Danke für all eure Liebe, danke, dass ihr euer Leben mit uns geteilt habt. Ich bin all den Menschen unendlich dankbar, die ein Teil meines Lebens waren, die mein Leben bereichert haben und sich Zeit genommen haben für mich.

Ich danke Jason und meinen Kindern, die alles über mich wissen. Mir fehlen die Worte, um auszudrücken, wie dankbar ich für jeden Tag bin, den ich mit euch leben darf.

Doch vor allem danke ich Jesus. Er hat meine Geschichte geschrieben, er ist der Anfänger und Vollender meines Glaubens und meines Lebensweges. Danke, dass du mich mit so viel Liebe umgibst, gerade dann, wenn ich am Boden liege, wenn ich ausgelaugt und innerlich zerbrochen bin. Danke, dass du dich selbst geopfert hast für mein elendes, gebrochenes Herz. Du hast den Tod auf dich genommen, damit ich heute in Gnade leben und die beste Geschichte überhaupt erzählen kann – deine Geschichte. Deine Worte sind in mir wirksam. Danke, danke für das Leben, das du mir geschenkt hast. Danke für die Zeit, die du mir gibst, um dich zu ehren und zu verherrlichen, auf ewig, in diesem und im nächsten Leben.

....

Wie beneidenswert bin ich doch. Es gibt einen Grund, warum mir der Abschied so schwerfällt.

A.A. Milne

....

Kara Tippetts (1976–2015)

Foto: © Jen Lints

MIX
Papier aus verantwortungsvollen Quellen
FSC® C014496

Verlagsgruppe Random House FSC®N001967

Die amerikanische Originalausgabe erschien im Verlag David C. Cook unter dem Titel „The hardest peace – expecting grace in the midst of life's hard." Published by arrangement with David C. Cook, 4050 Lee Vance View, Colorado Springs, Colorado 80918 U. S. A. All rights reserved.

Die Bibelzitate wurden, wenn nicht anders angegeben, folgender Übersetzung entnommen:
Hoffnung für alle®, Copyright © 1983, 1996, 2002 by Biblica Inc.®. Verwendet mit freundlicher Genehmigung von 'fontis – Brunnen Basel. Alle weiteren Rechte weltweit vorbehalten.
Weiterhin wurde folgende Bibelübersetzung verwendet:
Elberfelder Übersetzung 2006,
© 1985 und 1991 und 2006 SCM R. Brockhaus im SCM-Verlag GmbH & Co. KG, Witten. (ELB)

1. Auflage 2016
Bestell-Nr. 817 113
ISBN: 978-3-95734-113-6

Umschlaggestaltung: Hanni Plato
Satz: Greiner & Reichel GmbH, Köln
Druck und Verarbeitung: GGP Media GmbH, Pößneck
Printed in Germany